일 본 어 능 력 시 험

딱! 한 권

JLPT N2 문법

저자 JLPT연구모임

일 본 어 능 력 시 험

딱! 한권 JLPT N2 문법

초판인쇄	2021년 6월 2일
초판발행	2021년 6월 12일

저자	JLPT연구모임
책임 편집	조은형, 무라야마 토시오, 박현숙, 손영은, 김성은
펴낸이	엄태상
해설진	우선희, 김숙경, 송상훈
디자인	권진희
조판	이서영
콘텐츠 제작	김선웅, 김현이
마케팅	이승욱, 전한나, 왕성석, 노원준, 조인선, 조성민
경영기획	마정인, 조성근, 최성훈, 정다운, 김다미, 오희연
물류	정종진, 윤덕현, 양희은, 신승진

펴낸곳	시사일본어사(시사북스)
주소	서울시 종로구 자하문로 300 시사빌딩
주문 및 교재 문의	1588-1582
팩스	0502-989-9592
홈페이지	www.sisabooks.com
이메일	book_japanese@sisadream.com
등록일자	1977년 12월 24일
등록번호	제 300-1977-31호

ISBN 978-89-402-9318-8 (13730)

머리말

일본어능력시험은 N4와 N5에서는 주로 교실 내에서 배우는 기본적인 일본어를 어느 정도 이해할 수 있는 레벨인가를 측정하며, N1과 N2에서는 폭넓은 분야에서 일본어를 어느 정도 이해할 수 있는지, N3는 N1, N2와 N4, N5의 가교 역할을 하며 일상적인 장면에서 사용되는 일본어의 이해를 측정합니다. 일본어능력시험 레벨 인정의 목표는 '읽기', '듣기'와 같은 언어행동의 표현입니다. 언어행동을 표현하기 위해서는 문자·어휘·문법 등의 언어지식도 필요합니다. 즉, 어휘나 한자, 문법 항목의 무조건적인 암기가 아니라, 어휘나 한자, 문법 항목을 커뮤니케이션 수단으로서 실제로 활용할 수 있는가를 측정하는 것이 목표입니다.

본 교재는 新일본어능력시험 개정안에 따라 2010년부터 최근까지 새롭게 출제된 기출문제를 철저히 분석하여, 일본어 능력시험 초심자를 위한 상세한 설명과 다량의 확인문제를 수록하고, 중·고급 학습자들을 위해 난이도 있는 실전문제를 다루었습니다. 또한 혼자서도 충분히 합격할 수 있도록, 상세한 해설을 첨부하였습니다. 시중에 일본어능력시험 수험서는 많이 있지만, 학습자들이 원하는 부분을 콕 집어 효율적인 학습을 할 수 있는 교재는 그다지 많지 않습니다.

이러한 점을 고려하여 본 JLPT연구모임에서는 수년간의 분석을 통해 적중률과 난이도를 연구하여, 일본어능력시험을 준비하는 학습자가 이 책 한 권이면 충분하다고 느낄 정도의 내용과 문제를 실었습니다. 한 문제 한 문제 꼼꼼하게 풀어 보시고, 일본어능력시험에 꼭 합격하시기를 진심으로 기원합니다.

JLPT연구모임

1 교시 언어지식(문자 • 어휘 • 문법)/독해

문자 • 어휘

출제 빈도순 어휘 ➡ 기출어휘 ➡ 확인문제 ➡ 실전문제

1교시 문자 · 어휘 파트에서는 문제 유형별 출제 빈도순으로 1순위부터 3순위까지 정리하여 어휘를 제시한다. 가장 많이 출제되고 있는 する동사부터 닮은꼴 한자, 명사, 동사, 형용사, 부사순으로 어휘를 학습한 후, 확인문제를 풀어보면서 확인하고, 확인문제를 학습 후에는 실전문제를 풀면서 총정리를 한다. 각 유형별로 제시한 어휘에는 최근 출제 되었던 단어를 표기해 놓았다.

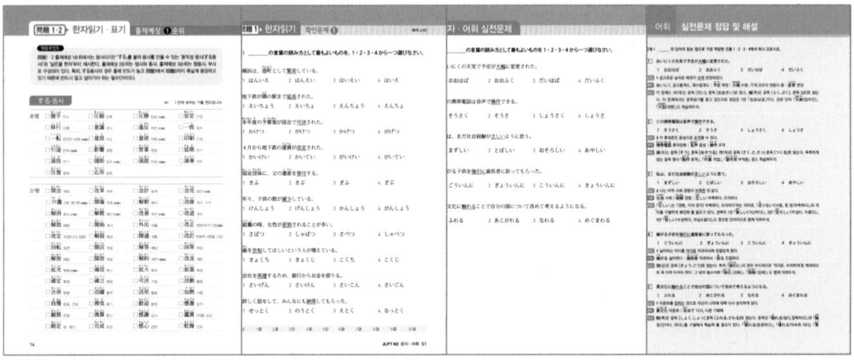

문법

기초문법 ➡ 필수문법 ➡ 필수경어 ➡ 확인문제 ➡ 실전문제

N2 필수문법과 경어를 학습하고 확인문제를 차근차근 풀며 체크할 수 있도록 다량의 문제를 실어 놓았으며, 처음 시작하는 초보자를 위해 시험에 자주 등장하는 N2 문법을 수록해 놓았다. 확인문제까지 학습한 뒤에는 난이도 있는 실전문제를 풀며 실전에 대비할 수 있도록 했다.

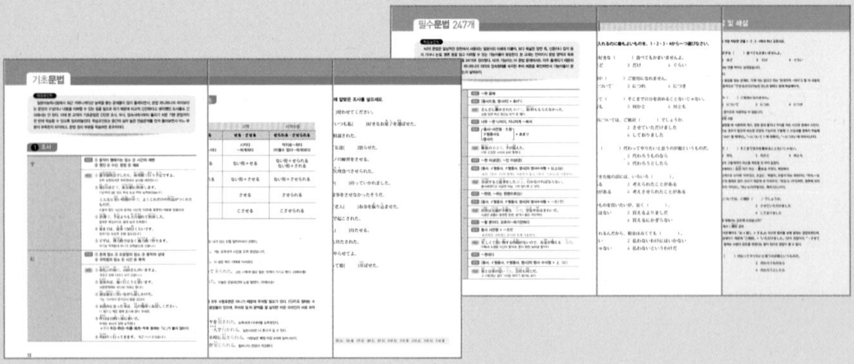

독해

독해의 비결 ➡ 영역별 확인문제 ➡ 실전문제

이제 더 이상 문자・어휘・문법에만 집중해서는 안 된다. 과목별 과락이라는 제도가 생기면서, 독해와 청해의 비중이 높아졌기 때문에 모든 영역을 균형있게 학습해야 한다. 본 교재에서는 독해의 비결을 통해, 글을 분석할 수 있는 노하우를 담았다. 문제만 많이 푼다고 해서 점수가 잘 나오는 것이 아니므로, 원리를 잘 파악해 보자.

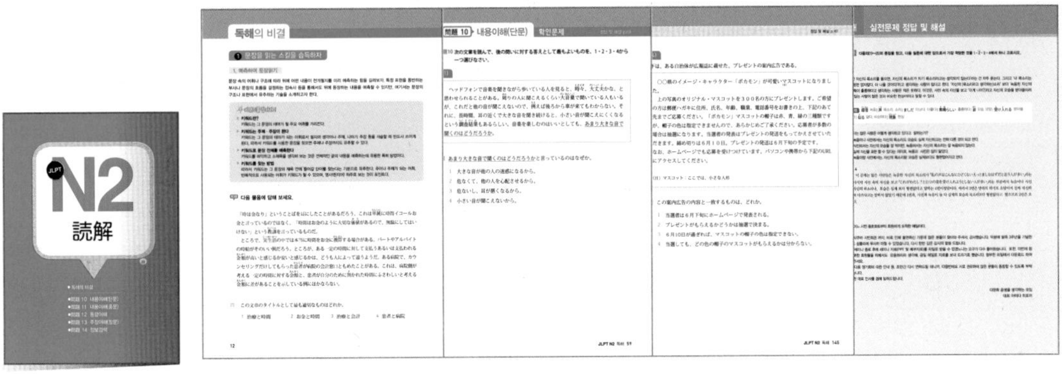

2 교시 청해

청해의 비결 ➡ 영역별 확인문제 ➡ 실전문제

독해와 함께 청해의 비중이 높아졌으며, 커뮤니케이션이 중시되었기 때문에 단어 하나하나의 의미를 꼼꼼히 듣는 방법보다는 상담 ・준비 ・설명 ・소개 ・코멘트 ・의뢰 ・허가 등 어떤 주제로 회화가 이루어지는지, 또한 칭찬・격려 ・질책 ・변명 ・걱정 등 어떤 장면인지 잘 파악해야 한다.

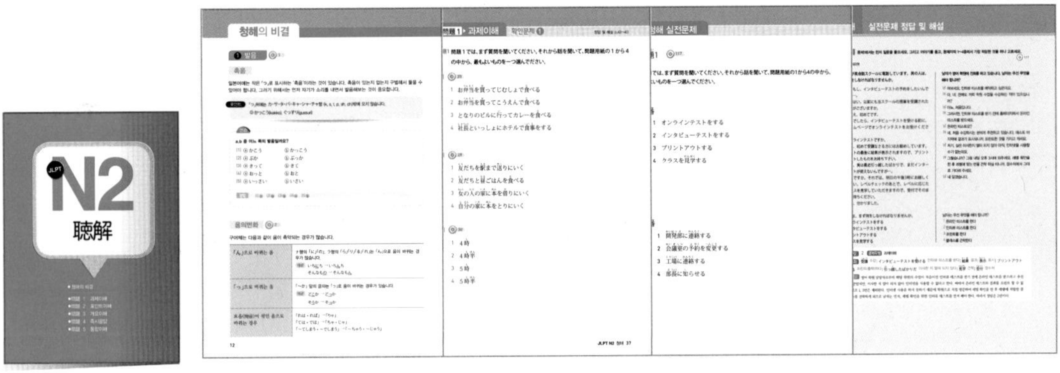

실전모의테스트 3회분 (영역별 2회분 + 온라인 종합 1회분)

질로 승부한다!

JLPT연구모임에서는 몇 년 동안 완벽한 분석을 통해 적중률과 난이도를 조정하여, 실전모의테스트를 제작하였다. 혼자서도 공부할 수 있도록 자세한 해설을 수록해 놓았다.

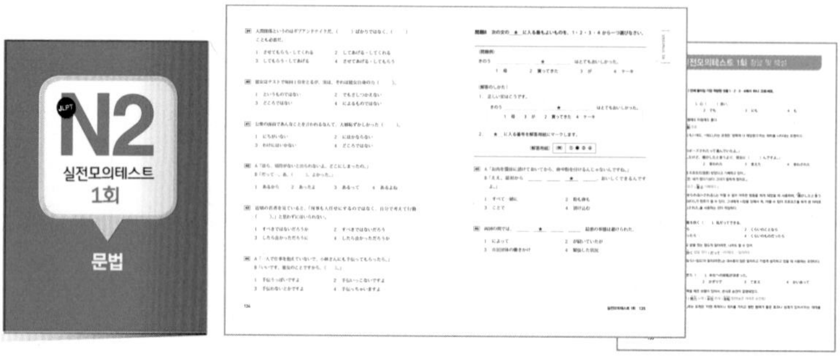

무료 동영상 해설 강의

1타 강사들의 명쾌한 실전모의테스트 해설 특강!!

언제 어디서나 꼼꼼하게 능력시험을 대비할 수 있도록 동영상 강의를 제작하였다. 질 좋은 문제와 명쾌한 해설로 실전에 대비하길 바란다.

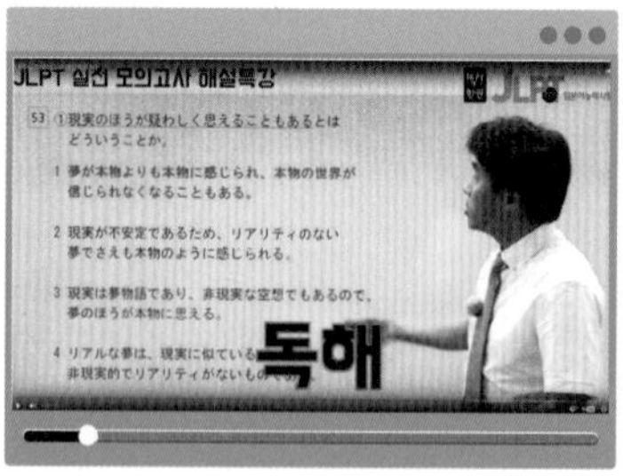

차례

문법

실전모의테스트

일본어능력시험 개요

1 시험과목과 시험시간

레벨	시험과목 (시험시간)		
N1	**언어지식 (문자 • 어휘 • 문법) • 독해 (110분)**		**청해 (60분)**
N2	언어지식 (문자 • 어휘 • 문법) • 독해 (105분)		청해 (50분)
N3	언어지식 (문자 • 어휘) (30분)	언어지식 (문법) • 독해 (70분)	청해 (45분)
N4	언어지식 (문자 • 어휘) (25분)	언어지식 (문법) • 독해 (55분)	청해 (40분)
N5	언어지식 (문자 • 어휘) (20분)	언어지식 (문법) • 독해 (40분)	청해 (35분)

2 시험점수

레벨	배점구분	득점범위
N1	언어지식(문자 • 어휘 • 문법)	0~60
	독해	0~60
	청해	0~60
	종합배점	0~180
N2	언어지식(문자 • 어휘 • 문법)	0~60
	독해	0~60
	청해	0~60
	종합배점	0~180
N3	언어지식(문자 • 어휘 • 문법)	0~60
	독해	0~60
	청해	0~60
	종합배점	0~180
N4	언어지식(문자 • 어휘 • 문법) • 독해	0~120
	청해	0~60
	종합배점	0~180
N5	언어지식(문자 • 어휘 • 문법) • 독해	0~120
	청해	0~60
	종합배점	0~180

3 합격점과 합격 기준점

레벨별 합격점은 N1 100점, N2 90점, N3 95점이며, 과목별 합격 기준점은 각 19점입니다.

4 문제유형

Ⅰ. 언어지식(문자 · 어휘 · 문법) Ⅱ. 독해 Ⅲ. 청해

시험과목		큰 문제	예상 문항 수	문제 내용	적정 예상 풀이 시간	파트별 소요 예상 시간	대책
언어지식 · 독해 (105분)	문자 · 어휘	문제 1	5	한자 읽기 문제	1분	문자 • 어휘 14분	총 105분 중에서 문제 푸는 시간은 87분 정도, 마킹에 8분 정도, 나머지 10분 동안 최종 점검하면 된다. 기존 시험보다 문제 수가대폭 축소된 문자/어휘 문제를 빨리 끝내고, 새로워진 문법 문제에 당황하지 말고 여유를 가지고 예제문제를 확실하게 이해하고 문제풀이를 하면 새로운 문제에 바로 적응할 수 있을 것이다. 독해문제도 마찬가지다. 종합이해, 정보검색 등 새로워진 문제가 있지만, 시간에 쫓기지 말고 침착하게 문제를 풀어나간다면 좋은 결과를 얻을 수 있을 것이다.
		문제 2	5	한자 표기 문제	1분		
		문제 3	5	파생어와 복합어를 묻는 문제	2분		
		문제 4	7	문맥에 맞는 적절한 어휘 고르는 문제	3분		
		문제 5	5	주어진 어휘와 비슷한 의미의 어휘를 찾는 문제	2분		
		문제 6	5	제시된 어휘의 의미가 올바르게 쓰였는지를 묻는 문제	5분		
	문법	문제 7	12	문장의 내용에 맞는 문형표현 즉 기능어를 찾아서 넣는 문제	6분	문법 18분	
		문제 8	5	나열된 단어를 의미에 맞게 조합하는 문제	6분		
		문제 9	5	글의 흐름에 맞는 문법 찾아내기 문제	6분		
	독해	문제 10	5	단문(200자 정도) 이해	10분	독해 55분	
		문제 11	9	중문(500자 정도) 이해	15분		
		문제 12	2	같은 주제의 두 가지 이상의 글을 읽고 비교통합 이해	10분		
		문제 13	3	장문(900자 정도) 이해	10분		
		문제 14	2	700자 정도의 글을 읽고 필요한 정보 찾기	10분		
청해 (50분)		문제 1	5	과제 해결에 필요한 정보를 듣고 나서 무엇을 해야 하는지 찾아내기	약 7분 30초 (한 문항당 약 1분 30초)	총 50분 중에서 문제 푸는 시간은 대략 39분 10초 정도가 될 것으로 예상한다. 나머지 시간은 질문 읽는 시간과 문제 설명 시간이 될 것으로 예상한다. 새로운 시험에서 새로 도입된 질의응답은 난이도가 그다지 어렵지 않을 것으로 예상하지만 문제5는 긴 문장을 듣고 난 다음 그 내용을 비교하며 문제를 풀어야 하므로 꽤 까다로운 문제가 될 것이다. 평소에 뉴스 등을 들으면서 전체 내용파악을 하는 훈련을 해두면 그다지 어렵지 않게 풀어나갈 수 있을 것이다.	
		문제 2	5 또는 6	대화나 혼자 말하는 내용을 듣고 포인트 파악하기	약 11분 30초 (한 문항당 약 1분 55초)		
		문제 3	5	내용 전체를 듣고 화자의 의도나 주장을 이해	약 7분 30초 (한 문항당 약 1분 30초)		
		문제 4	11 또는 12	짧은 문장을 듣고 그에 맞는 적절한 응답 찾기	약 6분 (한 문항당 약 30초)		
		문제 5	4	다소 긴 내용을 듣고 복수의 정보를 비교 통합하면서 내용 이해 하기	약 6분 40초 (한 문항당 약 1분 40초)		

문법 접속 활용표

〈활용형과 품사의 기호〉

활용형과 품사의 기호	예
명사	雪
동사 사전형	持つ・見る・する・来る
동사 ます형	持ち~~ます~~・見~~ます~~・し~~ます~~・来~~ます~~
동사 ない형	持た~~ない~~・見~~ない~~・し~~ない~~・来~~ない~~
동사 て형	持って・見て・して・来て
동사 た형	持った・見た・した・来た
동사 의지형	持とう・見よう・しよう・来よう
동사 가정형	持てば・見れば・すれば・来れば
동사 명령형	持て・見ろ・しろ・来い
イ형용사 사전형	暑い
イ형용사 어간	暑~~い~~
イ형용사 て형	暑くて
ナ형용사 사전형	丈夫だ
ナ형용사 어간	丈夫~~だ~~
ナ형용사 て형	丈夫で
する동사의 명사형	散歩・運動・料理 등 [する]를 뒤에 붙일 수 있는 명사

〈접속방법 표시 예〉

[보통형]

동사	聞く	聞かない	聞いた	聞かなかった
イ형용사	暑い	暑くない	暑かった	暑くなかった
ナ형용사	上手だ	上手ではない	上手だった	上手ではなかった
명사	学生だ	学生ではない	学生だった	学生ではなかった

[명사수식형]

동사	聞く	聞かない	聞いた	聞かなかった
イ형용사	暑い	暑くない	暑かった	暑くなかった
ナ형용사	上手な	上手ではない	上手だった	上手ではなかった
명사	学生の	学生ではない	学生だった	学生ではなかった

JLPT

N2

文法

- 기초문법
- 필수문법 247개
- 필수경어

- 問題 7 문법형식판단
- 問題 8 문장만들기
- 問題 9 글의 문법

기초문법

학습포인트

일본어능력시험에서 최근 커뮤니케이션 능력을 묻는 문제들이 많이 출제되면서, 문법 하나하나의 의미보다는 문장의 구성이나 내용을 이해할 수 있는 힘을 필요로 하기 때문에 비교적 간단하다고 생각했던 조사들도 간과해서는 안 된다. 이에 본 교재의 기초문법은 간단한 조사, 부사, 접속사에서부터 틀리기 쉬운 기본 문법까지 한 번에 학습할 수 있도록 정리해놓았다. 학습포인트는 중간에 실어 놓은 연습문제를 먼저 풀어보면서 어느 부분이 부족한지 파악하고, 문법 정리 부분을 학습하면 효과적이다.

1 조사

で

의미 ① 동작이 행해지는 장소 ② 시간의 제한
③ 원인 ④ 수단, 방법 ⑤ 재료

예문

① 進学説明会でしたら、体育館で行う予定ですよ。
진학 설명회라면 체육관에서 실시할 예정입니다.

② 後5分ほどで、東京駅に到着します。
지금부터 5분 정도 후에 도쿄 역에 도착하겠습니다.

こんなに短い時間の中で、よくこれだけの作品がつくれたものだ。
이렇게 짧은 시간에 용케도 이만한 (이토록 훌륭한) 작품을 만들었네.

③ 渋滞で、予定よりも大分遅れて到着した。
정체로 예정보다도 많이 늦게 도착했다.

④ 家までは、徒歩で30分くらいです。
집까지는 도보로 30분 정도입니다.

⑤ ピザは、薄力粉ではなく強力粉で作ります。
피자는 박력분이 아니라 강력분으로 만듭니다.

に

의미 ① 존재 장소 ② 도달점의 장소 ③ 동작의 상대
④ 귀착점의 장소 ⑤ 시간 ⑥ 목적

예문

① 改札口の前に、山田さんがいますよ。
개찰구 앞에 야마다 씨가 있습니다.

② 夏休みは、海に行こうと思います。
여름방학에는 바다에 가려고 합니다.

③ 彼は彼女に笑いながら話しかけた。
그는 그녀에게 웃으면서 말을 걸었다.

④ お読みになった本は、元の場所にお戻しください。
다 읽으신 책은 원래 장소에 갖다 주세요.

⑤ 昨日は10時に家に着いた。
어제는 10시에 집에 도착했다.
★주의 今日・昨日・今週・来月・今年 등에는 「に」가 붙지 않는다.

⑥ 外回りに行ってきます。 외근 다녀 오겠습니다.

を	의미 ① 기점이 되는 장소 ② 통과점이 되는 장소 예문 ① その船は、予定より一日早く港を離れた。 그 배는 예정보다 하루 빨리 항구를 떠났다. ② 天気が良かったので、海辺を散歩した。 날씨가 좋았기 때문에 바닷가를 산책했다.
と	의미 함께 동작하는 상대 예문 部長なら、社長と出張に行きました。 부장님이라면 사장님과 출장 갔습니다. 午後は、取引先の人とミーティングがある。 오후에는 거래처 사람과 미팅이 있다.
から	의미 ①기점이 되는 장소 ②시간의 시작 ③원료 예문 ① 新横浜から、新幹線に乗ることができます。 신요코하마에서 신칸센을 탈 수 있습니다. ② 来週から旅行に行くつもりだ。 다음 주부터 여행을 갈 예정이다. ③ ビールは麦から作られる。맥주는 보리로 만들어진다.
まで	의미 시간의 끝 (계속적 용법) 예문 こんな時間まで、何をやっていたんですか。 이런 시간까지 무엇을 하고 있었습니까? 久しぶりの休みで、昼まで寝てしまった。 오랜만의 휴가라 점심때까지 잤다.
までに	의미 시간의 제한 예문 6時までにロビーに 集合するように言われた。 6시까지 로비에 집합하라는 말을 들었다. 明日までに何とか仕上げてください。 내일까지 어떻게 좀 완성해 주세요.

기초문법

연습해 봅시다. (　　)안에 들어갈 말을 1, 2 중에 고르세요.

(1) その猫は朝からずっと車の上(　　)いる。

1　で　　　　2　に

(2) 12時の飛行機なので、9時には家(　　)出る必要がある。

1　を　　　　2　に

(3) 試験は、近所の大学の校舎(　　)行われた。

1　に　　　　2　で

(4) 食べ終わったら、食器をカウンター(　　)返さなくてはならない。

1　に　　　　2　で

(5) 横断歩道(　　)渡ってまっすぐ行くと、その店がある。

1　を　　　　2　で

(6) 小林さん(　　)食事に行くんですが、よかったら田中さんもどうですか。

1　と　　　　2　に

(7) 書類ができたら、山田さん(　　)提出してください。

1　と　　　　2　に

(8) 原宿でしたら、ここ(　　)電車に乗って10分くらいですよ。

1　から　　　　2　に

(9) 一番下の欄(　　)、ご署名をお願いいたします。

1　から　　　　2　に

(10) 会費は、前日(　　)佐藤にお支払いください。

1　から　　　　2　までに

정답　(1) 2　(2) 1　(3) 2　(4) 1　(5) 1　(6) 1　(7) 2　(8) 1　(9) 2　(10) 2

연습해 봅시다. (　　)안에 들어갈 말을 1, 2 중에 고르세요.

(11) 昨日(　　)おなかの調子(ちょうし)が良くない。

1　から　　　　　　2　まで

(12) この仕事、1日(　　)できますか。

1　まで　　　　　　2　で

(13) すみませんが、また明日(　　)もう一度その話をしていただけませんか。

1　に　　　　　　2　なし

(14) 係長(かかりちょう)は、来週の水曜日(　　)出張(しゅっちょう)から帰ってまいります。

1　に　　　　　　2　から

(15) 今(　　)、大変(たいへん)お世話(せわ)になりました

1　まで　　　　　　2　までに

(16) ブドウ(　　)、ワインや食用油(しょくようあぶら)を作ることができる。

1　に　　　　　　2　から

(17) この壁(かべ)は、鉄筋(てっきん)コンクリート(　　)できている。

1　で　　　　　　2　に

(18) 怪我(けが)(　　)、その試合には出場(しゅつじょう)できなくなってしまった。

1　に　　　　　　2　で

(19) 気晴(きば)らしに、散歩(さんぽ)(　　)出かけた。

1　に　　　　　　2　を

(20) 英語は苦手(にがて)なので…日本語(　　)話してもいいですか。

1　から　　　　　　2　で

정답　(11) 1　(12) 2　(13) 2　(14) 1　(15) 1　(16) 2　(17) 1　(18) 2　(19) 1　(20) 2

2 부사

必(かなら)ず	의미 반드시 예문 この夢(ゆめ)は、必(かなら)ずかなえてみせる。 이 꿈은 반드시 이루고 말테야.
確(たし)かに	의미 틀림없이 예문 確(たし)かにここに置(お)いておいたのに、なくなってしまったんです。 틀림없이 여기에 놔뒀는데 없어졌어요.
決(き)まって	의미 반드시, 어김없이 예문 キムさんは決(き)まって運動(うんどう)をする。 김 씨는 매일 아침 항상 운동을 한다.
絶対(ぜったい)（に）	의미 절대로 예문 絶対(ぜったい)に負(ま)けてたまるもんか。 절대로 지지 않을 거야.
もしかして もしかしたら	의미 혹시, 어쩌면 예문 もしかして、今日(きょう)は定休日(ていきゅうび)だっけ？ 혹시 오늘은 정기휴일인가? もしかしたら、彼(かれ)は来(こ)ないかもしれない。어쩌면 그는 안 올지도 몰라.
たぶん おそらく	의미 아마도 예문 田中(たなか)さんはおそらく合格(ごうかく)しただろう。 다나카 씨는 아마 합격했을 것이다.
きっと	의미 꼭, 반드시 예문 彼女(かのじょ)は今頃(いまごろ)きっと、飛行機(ひこうき)の中(なか)だろう。 그녀는 지금쯤 필시 비행기 안이겠지.
確(たし)か(に)	의미 아마, 확실히 예문 山田(やまだ)さんは確(たし)か一流大学出身(いちりゅうだいがくしゅっしん)のはずだ。 야마다 씨는 분명히 일류 대학 출신일 거야.
決(けっ)して～ない	의미 결코 예문 この製品(せいひん)は、決(けっ)していいものとは言(い)えない。 이 제품은 결코 좋은 것이라고는 할 수 없다.
全然(ぜんぜん)～ない	의미 전혀 예문 面白(おもしろ)いと思(おも)って言(い)った冗談(じょうだん)が、全然面白(ぜんぜんおもしろ)くないと言(い)われてしまった。 재미있다고 생각해서 말한 농담이 전혀 재미있지 않다는 이야기를 들어버렸다.

少しも～ない	**의미** 조금도 ~않다 **예문** 久しぶりに会ったのに、学生時代と少しも変わっていない。 오랜만에 만났는데 학창시절과 조금도 안 변했다.
さっぱり～ない	**의미** 전혀 ~않다 **예문** 英語のラジオを聴いてみたが、言ってることがさっぱりわからない。 영어로 하는 라디오를 들어 봤는데 무슨 말을 하는지 전혀 모르겠다.
たいして～ない	**의미** 그다지 ~않다 **예문** その映画はたいして面白くもなかった。 그 영화는 그다지 재미있지도 않았다.
とても～ない	**의미** 도저히 ~않다 **예문** いくら頑張って練習しても、とても彼にはかなわない。 아무리 열심히 연습해도 도저히 그를 당해 낼 수 없다
なかなか～ない	**의미** 좀처럼 ~않다 **예문** なかなか思ったとおりにはいかないものだ。 좀처럼 생각한대로 되지 않는 법이다.
必ずしも～ない	**의미** 반드시 ~않다 **예문** いい大学を卒業したからと言って、必ずしもいい会社に就職できるというわけではない。 좋은 대학을 졸업했다고 해서, 반드시 좋은 회사에 취직할 수 있는 것은 아니다.
どうも～ない	**의미** 아무리 해도 ~않다 **예문** いろいろ工夫をしてみたが、どうもうまくいかない。 여러 가지 연구를 해봤지만, 아무리 해도 잘 되지 않는다.
まるで	**의미** 마치 ★「~ようだ・~みたいだ」와 호응 **예문** 彼女の肌はすべすべで、まるで赤ちゃんの肌のようだ。 그녀의 피부는 매끈매끈해서 마치 아기 피부 같다.
今にも	**의미** 당장이라도 ★「~そうだ」와 호응 **예문** 彼は、今にも泣きそうな顔をしている。 그는 당장이라도 울듯한 얼굴을 하고 있다.
まさか	**의미** 설마 ★대부분「~ないだろう」와 호응 **예문** まさか彼が犯人だなんてことはないだろう。 설마 그가 범인일 리는 없겠지.

危(あや)うく	**의미** 하마터면 ★「~するところだった・~しそうになった」와 호응」 **예문** 危(あや)うく階段(かいだん)から落(お)ちるところだった。 하마터면 계단에서 떨어질 뻔 했다.
どうやら	**의미** 아무래도 ★「~ようだ・~そうだ・~らしい」와 호응 **예문** すっかり信(しん)じてしまっていたが、どうやらそれは嘘(うそ)だったようだ。 완전히 믿고 있었는데, 아무래도 그것은 거짓말이었던 것 같다.
どうか	**의미** 아무쪼록 **예문** どうか、今回(こんかい)だけは許(ゆる)してください。 아무쪼록 이번만은 용서해 주세요.
ぜひとも	**의미** 꼭, 반드시 **예문** 今回(こんかい)の企画(きかく)は、ぜひとも私(わたし)にやらせてください。 이번 기획은 꼭 제가 하고 싶습니다.
なるべく	**의미** 될 수 있으면 **예문** なるべく今日中(きょうじゅう)にご連絡(れんらく)するようにいたします。 가능하면 오늘 중으로 연락하도록 하겠습니다.
どうしても	**의미** 아무리 해도 **예문** この条件(じょうけん)だけは、どうしても譲(ゆず)れない。 이 조건만은 아무리해도 양보할 수 없다.
せっかく	**의미** 모처럼 **예문** せっかくここまで来(き)たのだから、ちょっとゆっくりしていきませんか。 모처럼 여기까지 왔으니까 좀 느긋하게 쉬다 안 갈래요?
わざわざ	**의미** 일부러 **예문** お忙(いそが)しいところをわざわざお越(こ)しいただき、ありがとうございます。 바쁘실 텐데 일부러 와 주셔서 감사합니다.
わざと	**의미** 고의로 **예문** 恥(は)ずかしくて、わざとそっけない言(い)い方(かた)をした。 창피해서 일부러 쌀쌀하게 말했다.
無理矢理(むりやり)	**의미** 억지로 **예문** 瓶(びん)のふたを無理矢理(むりやり)開(あ)けようとしたら、割(わ)れてしまった。 병 뚜껑을 억지로 열려고 했더니 깨져 버렸다.
更(さら)に	**의미** 더욱이 **예문** 彼女(かのじょ)は、年(とし)をとって更(さら)に素敵(すてき)になった。 그녀는 나이가 들어서 더욱 멋져졌다.

むしろ	의미 오히려 예문 その事件では、被害者よりもむしろ犯人の方へ同情が集まった。 그 사건에서는 피해자보다 오히려 범인에게 동정이 모여졌다.
余計に	의미 더욱, 더한층, 쓸데없이 예문 修正しようとしたつもりが、余計に変になってしまった。 수정하려고 했던 것이 더욱 이상해졌다.
とにかく	의미 여하튼 예문 その新車は、とにかく燃費がいいらしい。 그 신차는 여하튼 연비가 좋다고 한다.
ともかく	의미 어떻든 간에 예문 細かい内容はともかく、来週までに大まかな計画を立てなくてはならない。 자세한 내용은 어떻든 간에, 다음 주까지 대략적인 계획을 세워야 한다.
さすが	의미 과연, 역시 예문 斉藤さんはさすが接客対応が上手ですね。 사이토 씨는 역시 손님 접대를 잘하는군요.
実に	의미 참으로, 매우 예문 今回のプレゼンは、実に素晴らしいものだった。 이번 프레젠테이션은 매우 멋졌다.
なかなか	의미 매우, 상당히 예문 温泉旅行というのも、なかなかいいものだ。 온천여행이란 것도 상당히 좋은 것이다.
かなり	의미 상당히 예문 突然訪ねてきて社長を出せとは、かなり失礼な態度だ。 갑자기 찾아와서 사장을 나오라고 하는 것은 상당히 무례한 태도다.
ずいぶん	의미 대단히, 매우 예문 休まずに練習を続けたおかげで、ずいぶん腕が上がった。 쉬지 않고 연습을 계속한 덕에 꽤 실력이 늘었다.
先ほど	의미 조금 전 예문 先ほどお電話したキムと申しますが。 조금 전에 전화한 김이라고 합니다만.

この間(あいだ)	의미 얼마 전에 예문 この間(あいだ)、偶然大学(ぐうぜんだいがく)の同級生(どうきゅうせい)に会(あ)った。 얼마 전에 우연히 대학동창생을 만났다.
ただ今(いま)	의미 지금 예문 課長(かちょう)はただ今(いま)ほかの電話(でんわ)に出(で)ておりますが。 과장님은 지금 다른 전화를 받고 있습니다만.
やがて	의미 이윽고, 곧 예문 寒(さむ)い冬(ふゆ)も終(お)わり、やがて春(はる)が来(く)るだろう。 추운 겨울도 끝나고, 곧 봄이 오겠지.
早速(さっそく)	의미 즉시, 곧 바로 예문 うなぎのおいしい店(みせ)があるというので、早速(さっそく)週末(しゅうまつ)行(い)ってみた。 장어가 맛있는 가게가 있다고 해서 바로 주말에 가 봤다.
至急(しきゅう)	의미 지급, 시급(히), 몹시 급함 예문 お手数(てすう)ですが、至急(しきゅう)ご連絡(れんらく)いただけますか。 수고스럽겠지만, 시급히 연락해 주시겠습니까?
いきなり	의미 갑자기 예문 知(し)らない人(ひと)にいきなり声(こえ)をかけられた。 모르는 사람이 갑자기 말을 걸었다.
たちまち	의미 금세, 순식간에 예문 そのうわさはたちまち広(ひろ)がった。 그 소문은 순식간에 퍼졌다.
さっさと	의미 재빨리 예문 いやな事(こと)は、さっさと片付(かたづ)けてしまおう。 싫은 일은 재빨리 해치워버리자.
つい	의미 그만, 나도 모르게 예문 つい失礼(しつれい)なことを言(い)ってしまった。 나도 모르게 무례한 말을 해 버렸다.
うっかり	의미 깜빡, 무심코 예문 うっかり財布(さいふ)を置(お)いて出(で)てきてしまった。 깜빡 지갑을 두고 나와버렸다.

思わず	의미 무의식중에, 그만 예문 悲しいドラマを見て、思わず涙ぐんでしまった。 슬픈 드라마를 보고 나도 모르게 눈물이 글썽해졌다.
ふと	의미 문득 예문 ふと、昔の友人のことを思い出した。 문득 옛날 친구가 생각났다.
あいにく	의미 공교롭게도 예문 前から行きたかった店に行ったら、あいにく休みの日だった。 전부터 가고 싶었던 가게에 갔더니, 공교롭게도 휴일이었다.
常に	의미 항상, 언제나 예문 田中さんはどこに行くときも常に手帳を忘れない。 다나카 씨는 어디를 가나 항상 수첩을 잊지 않는다.
しばしば	의미 자주, 종종 예문 このパソコンは、しばしば動かなくなる。 이 컴퓨터는 종종 작동을 멈춘다.
たまに	의미 가끔 예문 私はたまに学生時代の友達と会って話をする。 나는 가끔 학창시절 친구를 만나 수다를 떤다.
たまたま	의미 우연히, 어쩌다가 예문 たまたま寄った店で知り合いに会った。 우연히 들른 가게에서 아는 사람을 만났다.
めったに	의미 좀처럼 (드물다) 예문 中村さんはめったに人前で笑わない。 나카무라 씨는 좀처럼 사람 앞에서 웃지 않는다.
やはり	의미 역시 예문 難しいだろうとは思っていたが、やはり相当難しかった。 어렵다고는 생각했지만, 역시 상당히 어려웠다.
なるほど	의미 역시, 과연 예문 なるほど、こんなに簡単なやり方があるのか。 역시, 이런 간단한 방법이 있었군.

기초문법

さすが	의미 역시, 과연 예문 彼はさすがベテラン小説家だ。今回の小説も、ベストセラー間違いなしだろう。 그는 과연 베테랑 소설가이다. 이번 소설도 틀림없이 베스트셀러가 될 것이다.
相変わらず	의미 변함없이 예문 僕は、相変わらず仕事に追われる毎日ですよ。 나는 항상 일에 쫓기는 하루하루에요.
果たして	의미 과연 예문 この政策は、果たしてこのままでいいのだろうか。 이 정책은 과연 이대로 좋은 것일까?
いわゆる	의미 소위, 말하자면 예문 彼は頭がいいが、いわゆる天才とは少し違う。 그는 머리가 좋지만, 소위 천재하고는 조금 다르다.
いわば	의미 말하자면 예문 彼は、いわば社長の右腕だ。 그는 말하자면 사장님의 오른팔이다.
つまり	의미 결국, 즉 예문 使い捨ての容器を使うということは、つまり地球のゴミを増やしているのと同じだ。 일회용 용기를 사용한다는 것은 결국 지구의 쓰레기를 늘리는 것과 마찬가지다.
かえって	의미 오히려, 반대로 예문 無駄なことをしたと思ったが、それがかえっていい結果を招いた。 쓸데없는 짓을 했다고 생각했는데, 그것이 오히려 좋은 결과를 초래했다.

연습해 봅시다. (　　)안에 들어갈 말을 1, 2 중에 고르세요.

(1) 木村(きむら)さんは、(　　)そのようにおっしゃっていました。

1　確(たし)かに　　　2　めったに

(2) どんなことがあっても、このお守(まも)りがあれば(　　)大丈夫ですよ。

1　もしかしたら　　　2　きっと

(3) この犬といったら、主人(しゅじん)の言うことを(　　)聞いてくれない。

1　少しも　　　2　わざわざ

(4) 忙(いそが)しすぎて、(　　)旅行になんていっている場合ではない。

1　とても　　　2　必ずしも

(5) (　　)そんな事が起きるなんて、信じられません。

1　どうやら　　　2　まさか

(6) (　　)このにおいだけは駄目(だめ)なんですよ。

1　どうしても　　　2　必ずしも

(7) お友達に(　　)意地悪(いじわる)なんてしたら駄目(だめ)でしょう。

1　わざと　　　2　わざわざ

(8) (　　)、私はその案に反対です。

1　実に　　　2　とにかく

(9) 昨日面接(めんせつ)をした青年は、(　　)印象(いんしょう)が良かったね。

1　むしろ　　　2　なかなか

(10) 遊んでいないで、(　　)宿題(しゅくだい)を終わらせてしまいなさい。

1　さっさと　　　2　たちまち

(11) あまりの嬉(うれ)しさに、(　　)飛び上がって喜(よろこ)んだ。

1　うっかり　　　2　思わず

(12) 彼女は、どんなことがあっても(　　)冷静(れいせい)だ。

1　めったに　　　2　常(つね)に

정답　(1) 1　(2) 2　(3) 1　(4) 1　(5) 2　(6) 1　(7) 1　(8) 2　(9) 2　(10) 1　(11) 2　(12) 2

● 연습해 봅시다. (　　)안에 들어갈 말을 1, 2 중에 고르세요.

(13) (　　)そんなことを言われても、心の準備(じゅんび)が出来ていません。
　1　至急(しきゅう)　　　2　いきなり

(14) (　　)きれいですね。
　1　相変(あいか)わらず　　　2　必(かなら)ず

(15) 彼は純粋(じゅんすい)なサッカーファンなのであって、(　　)フーリガンとは違う。
　1　いわゆる　　　2　いわば

(16) 出かけるときはいつも(　　)この香水(こうすい)をつけている。
　1　きまって　　　2　もしかして

(17) (　　)、こっちの道でよかったと思うけど。
　1　たぶん　　　2　必ず

(18) いいことがあると占(うらな)い師(し)に言われたが、(　　)当たらなかった。
　1　決して　　　2　全然

(19) 英語は(　　)できないのに、英語のプレゼンを担当することになってしまった。
　1　なかなか　　　2　たいして

(20) (　　)お互いに誤解(ごかい)があったようだ。
　1　まるで　　　2　どうやら

(21) 申し訳ないのですが、(　　)その日は都合(つごう)がつきませんで…。
　1　あいにく　　　2　うっかり

(22) 新しく買ったカバンが、(　　)友人のものと同じだった。
　1　たまたま　　　2　めったに

(23) 込(こ)むだろうと予想していたが、(　　)相当(そうとう)の渋滞(じゅうたい)だった。
　1　さすが　　　2　やはり

(24) 熱が出たが、休むことができたので(　　)よかったのかもしれない。
　1　かえって　　　2　つまり

정답　(13) 2　(14) 1　(15) 1　(16) 1　(17) 1　(18) 2　(19) 2　(20) 2　(21) 1　(22) 1　(23) 2　(24) 1

❸ 접속사

だから	순접 그러니까, 때문에, 그래서 예문 昔から、人と接することが好きでした。だから、将来は人と関わる仕事に就こうと決めていました。 옛날부터 사람을 상대하는 것을 좋아했습니다. 그래서 장래에는 사람과 관련된 직업을 갖자고 결정했습니다.
それで	순접 그래서 예문 今朝は、電車が人身事故で止まってしまって。それで、遅れてしまいました。 오늘 아침에는 전철이 인사사고로 멈춰버려서. 그래서 늦었습니다.
では	순접 그러면 예문 質問はありませんね。では、次のページにまいりましょう。 질문은 없지요. 그러면 다음 페이지로 넘어가겠습니다.
すると	순접 그러자 예문 プレゼントにもらった箱を開けてみた。すると、中にはチョコレートがいっぱい詰まっていた。 선물로 받은 상자를 열어봤다. 그러자 속에는 초콜릿이 가득 들어 있었다.
したがって	순접 따라서 예문 日本は食料自給率が非常に低い。したがって、輸入に頼るほかない。 일본은 식재료 자급률이 상당히 낮다. 따라서 수입에 의존할 수 밖에 없다.
それから	순접 그리고, 그리고 나서 예문 自己紹介をするときは、まず自分から名乗りましょう。それから、相手の名前を聞くようにしましょう。 자기소개를 할 때는 우선 자신부터 이름을 말합시다. 그리고 나서 상대의 이름을 듣도록 합시다.
そこで	순접 그래서 예문 映画の前売り券を買おうとしたら、既に売り切れだった。そこで、仕方なく当日券を買うことにした。 영화예매권을 사려고 했더니 이미 매진이었다. 그래서 하는 수 없이 당일권을 사기로 했다.
それでは	순접 그러면 예문 皆様お集まりでしょうか。それでは、これより定例会議を始めたいと思います。 여러분 다 모이셨습니까? 그러면 지금부터 정례회의를 시작하겠습니다.

기초문법

それなら	**순접** 그렇다면 예문 その機械の使い方がわからないんですか。それなら、小林さんに聞くといいですよ。 그 기계의 사용법을 모릅니까? 그렇다면 고바야시 씨에게 물어보면 됩니다.
だが	**역접** 그렇지만, 그러나 예문 もう少し頑張れば違うかもしれない、と何度も繰り返した。だが、何度試しても結果は同じだった。 조금 더 노력하면 다를지도 몰라 하며 몇 번이나 반복했다. 그러나 몇 번 시도해도 결과는 마찬가지였다.
でも	**역접** 하지만, 그렇더라도 예문 田中さんは、これがいいと言っていました。でも、私はこちらもいいと思います。 다나카 씨는 이것이 좋다고 말했습니다. 하지만, 저는 이쪽도 좋다고 생각합니다.
ところが	**역접** 그러나 예문 今回の商品は、あまり自信作ではなかった。ところが、消費者の反応は意外とよかった。 이번 상품은 그다지 자신작은 아니었다. 그러나 소비자의 반응은 의외로 좋았다.
それでも	**역접** 그렇다 하더라도 예문 最近は、新しい技術がどんどん開発されている。それでも、昔のやり方を捨てられない人もいる。 요즘은 새로운 기술이 점점 개발되고 있다. 그렇다 하더라도 옛날 방식을 못 버리는 사람도 있다.
それなのに	**역접** 그런데, 그럼에도 예문 この料理は、材料費も手間もほとんどかかりません。それなのに、こんなにおいしいのです。 이 요리는 재료비도 손도 많이 가지 않습니다. 그럼에도 이렇게 맛있답니다.
そして	**병렬 · 선택** 그리고 예문 我が社の社訓は、いつも明るく元気でいること。そして、考えることをやめないことです。 우리 회사의 사훈은 항상 밝고 건강할 것. 그리고 생각을 멈추지 않는 것입니다.
そのうえ	**병렬 · 선택** 게다가 예문 最新の携帯電話は、画質のいい写真が撮れたり、インターネットが出来たりする。そのうえ、カーナビゲーションにまでなるから驚きだ。 최신 휴대전화는 화질이 좋은 사진을 찍을 수도 있고 인터넷도 할 수 있다. 게다가 네비게이션까지 되다니 놀랍다.

そればかりか	병렬 · 선택 그뿐만 아니라 예문 雨に降られて、服がぬれてしまった。そればかりか、買ったばかりの手帳までずぶぬれになってしまった。 비를 맞아 옷이 젖어버렸다. 그 뿐만 아니라 산 지 얼마 안 된 수첩까지 흠뻑 젖었다.
それとも	병렬 · 선택 그렇지 않으면 예문 私はここで黙っているべきなのだろうか。それとも思い切って意見を述べてもいいのだろうか。 나는 여기서 가만히 있어야만 하는 걸까? 그렇지 않으면 과감히 의견을 말해도 되는 걸까?
または	병렬 · 선택 또는 예문 留学中の住まいは、寄宿舎が利用できるとのことだ。または、自分でアパートを借りたければ、そうしてもいいらしい。 유학 중에 머물 곳은 기숙사를 이용할 수 있다고 한다. 또는 스스로 아파트를 빌리고 싶으면 그렇게 해도 된다고 한다.
ただし	보충설명 다만, 단지, 단 예문 このアパートでは、楽器の演奏が出来る。ただし、夜9時以降は禁止されている。 이 아파트에서는 악기연주를 할 수 있다. 단 밤 9시 이후에는 금지되어 있다.
もっとも	보충설명 다만, 그렇다 쳐도 예문 通勤に2時間以上かかるので、引越しを考えている。もっとも、いい物件があればの話だが。 통근에 2시간 이상 걸리기 때문에 이사를 생각하고 있다. 다만 좋은 물건이 있다면 말이지만.
なお	보충설명 덧붙여(말하면), 또한 예문 公演中は、携帯電話の電源をお切りください。なお、会場内での飲食は禁止されていますので、ご了承ください。 공연 중에는 휴대전화 전원을 꺼 주세요. 그리고 회장 내의 음식물 섭취는 금지되어 있으므로 양해바랍니다
ただ	보충설명 단, 다만, 그러나 예문 余計なことをしてしまってすみません。ただ、何かお手伝いしたくて。 쓸데없는 짓을 해서 죄송해요. 다만 뭔가 돕고 싶어서.
なぜなら	보충설명 왜냐하면 예문 白雪姫は、そのりんごを食べて倒れてしまいました。なぜなら、それは毒入りのりんごだったからです。 백설공주는 그 사과를 먹고 쓰러졌습니다. 왜냐하면 그것은 독이 든 사과였기 때문입니다.

さて	**화제전환** 그럼 **예문** 今まで、第一部についてお話しました。さて、この辺で休憩をさせていただきたく思います。 지금까지 제 1부에 대해서 말씀드렸습니다. 그럼 이쯤에서 휴식을 하겠습니다.
ところで	**화제전환** 그런데 **예문** この報告書、よくまとまってるね。ところで、この間の件はどうなった？ 이 보고서, 잘 정리되어 있네. 그런데 얼마 전의 건은 어떻게 되었어?
すなわち	**화제전환** 즉 **예문** 彼は、肉類を一切食べない。すなわち、ベジタリアンなのである。 그는 육류를 일절 먹지 않는다. 즉, 채식주의자이다.

● 연습해 봅시다. (　　)안에 들어갈 접속사를 고르세요.

(1) お正月におみくじを引いてみた。(　　)、大吉が出た。

1　したがって　　　2　すると

(2) クレームの分析をしたところ、同じようなクレームが多いことがわかった。(　　)、問題の根本的な解決を試みることにした。

1　それなら　　　2　そこで

(3) 怒られることを覚悟していた。(　　)、逆にほめられて驚いた。

1　ところが　　　2　それでも

(4) A案にするべきか。(　　)、B案にするべきだろうか。

1　それとも　　　2　そのうえ

(5) これ以上は、私たちの力ではどうにもなりません。(　　)、早く解決されることを祈るばかりです。

1　なぜなら　　　2　ただ

(6) 今年の公務員試験の競争率は1000倍にものぼった。(　　)、それだけ難しいということだ。

1　すなわち　　　2　ただし

(7) 今日は、夜から雪になるそうですよ。(　　)、早く帰った方がいいですよ。

1　では　　　2　だから

(8) 松田さんも岡田さんをご存知なんですか。(　　)、話が早いです。

1　それなら　　　2　それから

(9) 難しい理由は一つや二つではなかった。(　　)、私はあきらめたくなかった。

1　それでも　　　2　それなら

정답　(1) 2　(2) 2　(3) 1　(4) 1　(5) 2　(6) 1　(7) 2　(8) 1　(9) 1

● 연습해 봅시다. (　　　)안에 들어갈 접속사를 고르세요.

(10) 彼は、毎年NGO団体に多額の寄付をしている。(　　　)、自らもボランティア活動に参加している。

1　または　　　　2　そのうえ

(11) 締め切りは、来月末日です。(　　　)、早く出していただけるならそれに越したことはありませんが。

1　もっとも　　　　2　それで

(12) そろそろお別れの時間となってしまいました。(　　　)、来週は特別番組のため、この番組をお休みさせていただきます。

1　ただし　　　　2　なお

(13) 雨が強いため、試合を途中でやめざるをえなかった。(　　　)、この続きは来週に延期された。

1　したがって　　　　2　それなのに

(14) 私は、家に帰るとまず手洗いとうがいをする。(　　　)、服を着替えるのが習慣だ。

1　それから　　　　2　それで

(15) もう何年も英語を勉強している。(　　　)、なかなか上達しない。

1　そればかりか　　　　2　それなのに

(16) ここの会員になるには、パスポートや運転免許証が必要だ。(　　　)、健康保険証と公共料金の支払い証明書でも代用できる。

1　それとも　　　　2　または

(17) 懸賞に応募したら、商品券が当たった。(　　　)、宝くじまで当選してしまった。

1　だが　　　　2　そればかりか

(18) おつかいごくろうさま。(　　　)、手紙は出してくれた？

1　ところで　　　　2　それとも

정답　(10) 2　(11) 1　(12) 2　(13) 1　(14) 1　(15) 2　(16) 2　(17) 2　(18) 1

4 수수표현

● 수수표현은 시험에 자주 등장하는 표현임으로, 알고 있다고 생각하는 학습자들도 반드시 한번 체크 해 보자.

접속형태 및 의미

구분	사물의 수수	행위의 수수	의미
주다 (私 → 남)	～さしあげる	～てさしあげる	～(해) 드리다
	～あげる	～てあげる	～(해) 주다
	～やる	～てやる	～(해) 주다 (아랫사람,동식물)
주다 (남 → 私)	～くださる	～てくださる	～(해) 주시다
	～くれる	～てくれる	～(해) 주다
받다 (私 ← 남)	～いただく	～ていただく	～(해) 받다'의 겸양
	～もらう	～てもらう	～(해) 받다

1) 사물의 수수표현

- この子はガムを半分、仲良しの友達にあげた。그 아이는 껌을 반으로 나눠서 친한 친구에게 주었다.
- もしよかったら、一つさしあげましょうか。혹시 괜찮으시다면 하나 드릴까요?
- 彼女は、私の誕生日に花束をくれた。그녀는 내 생일에 꽃다발을 주었다.
- 卒業式の日、先生は私たち一人一人にお言葉をくださった。

  졸업식 날, 선생님은 우리들 한 명 한 명에게 좋은 말씀을 해주셨다.
- お客さんからお土産にドーナツをもらった。손님한테서 선물로 도넛을 받았다.
- こんな素敵なものをいただいてもいいんでしょうか。이런 멋진 것을 받아도 될까요?

2) 행위의 수수표현

- 私は、犬を散歩に連れて行ってやった。 나는 개를 산책시켜 주었다.
- 彼は、クラスメートに自分の国の挨拶の仕方を紹介してあげた。

  그는 반 친구에게 자기 나라의 인사법을 소개해주었다.
- 彼女は、私に駅までの行き方を教えてくれました。 그녀는 나에게 역까지 가는 법을 가르쳐 주었다.
- どなたかが私の財布を拾って届けてくださいました。 어떤 분이 제 지갑을 주워서 신고해 주셨습니다.
- 先生は、落ち込んでいる私たちを勇気付けてくださった。

  선생님은 풀이 죽어있는 우리들에게 용기를 북돋아 주셨다.
- 私は、小林に仕事を手伝ってもらった。

  나는 코바야시 씨에게 일을 도움받았다.(코바야시 씨가 일을 도와 주었다.)
- 息子は、先生にほめていただいてから急に明るくなったんです。

  아들은 선생님에게 칭찬을 받고 나서부터 갑자기 밝아졌습니다.

3) 수수의 응용표현1: 의뢰와 요구

くれる くださる	～てください。	～해 주세요.
	～ないでください。	～하지 말아 주세요.
	～てくれますか(ませんか)。	～해 주겠습니까(주지 않겠습니까)?
	～てくださいますか(ませんか)。	～해 주시겠습니까(주시지 않겠습니까)?
もらう いただく	～てもらえますか(ませんか)。	～해 주겠습니까(주지 않겠습니까)? ～해 받을 수 있습니까(받을 수 없습니까)?
	～ていただけますか(ませんか)。	～해 주시겠습니까(주시지 않겠습니까)? ～해 받을 수 있습니까(받을 수 없습니까)?

- 田中さんに会議のこと伝えてくれませんか。 다나카 씨에게 내일 회의에 관해 전해주지 않겠습니까?
- ちょっとこの作文をチェックしてくださいませんか。 잠깐 이 작문을 체크해주시지 않겠습니까?
- 少し暑いですが、窓を開けてもらえませんか。 조금 더운데요, 창문을 열어주지 않겠습니까?
- 読みたい本がありますが、貸していただけませんか。 읽고 싶은 책이 있는데, 빌려주시지 않겠습니까?

4) 수수의 응용표현2 : 허가와 승낙

くださる	～(さ)せてください	～하게 해(시켜) 주세요.
	～(さ)せてくれませんか。	～하게 해(시켜) 주지 않겠습니까?
	～(さ)せてくださいませんか。	～하게 해(시켜) 주시지 않겠습니까?
いただく	～(さ)せてもらえませんか。	～하게 해(시켜) 주지 않겠습니까? 제가~해도 될까요?
	～(さ)せていただけませんか。	～하게 해(시켜) 주시지 않겠습니까? 제가~해도 될까요?

- 用事があるので、今日は早く帰らせてください。 볼일이 있는데, 오늘은 일찍 돌아가게 해 주세요.
- 翻訳の仕事は私にさせてくれませんか。 번역 일, 저에게 시켜 주지 않겠습니까?
- 今日のお昼ご飯は私に払わせてくださいませんか。

  오늘 점심은 제가 지불하게 해주시지 않겠습니까?
- すみませんが、このパソコンを使わせてもらえませんか。

  죄송합니다만, 이 컴퓨터 사용해도 될까요?
- 今日ちょっと具合が悪いですが、休ませていただけませんか。

  오늘 좀 컨디션이 안 좋은데요, 쉬게 해주시지 않겠습니까?

★「～(さ)せて＋もらえませんか(いただけませんか)」

자기 자신이 하는 일에 대해 허락하도록 상대에게 정중하게 부탁하는 표현법.

연습해 봅시다. (　　)안에 들어갈 말을 1, 2 중에 고르세요.

(1) では、私より後ほどご連絡(れんらく)(　　)。
　1　いただきます　　2　さしあげます

(2) 犬にエサを(　　)。
　1　やった　　2　さしあげた

(3) これは、母から(　　)ネックレスだ。
　1　もらった　　2　あげた

(4) 私がこんなにたくさん(　　)もいいんですか。
　1　くださって　　2　いただいて

(5) 先生は、旅行のお土産(みやげ)を私たちに(　　)。
　1　さしあげた　　2　くださった

(6) その言葉は、私を救(すく)って(　　)。
　1　あげた　　2　くれた

(7) 後ろを歩いていた人が、私のハンカチを拾(ひろ)って(　　)。
　1　くれた　　2　もらった

(8) 料理の先生が、私だけにその味を出す秘訣(ひけつ)を教えて(　　)。
　1　いただいた　　2　くださった

(9) 重そうにしているので、彼女の荷物をひとつ持って(　　)。
　1　あげた　　2　くれた

(10) 授業が終わった後も、先生は生徒たちに勉強を教えて(　　)いる。
　1　くれて　　2　あげて

정답　(1) 2　(2) 1　(3) 1　(4) 2　(5) 2　(6) 2　(7) 1　(8) 2　(9) 1　(10) 2

연습해 봅시다. (　　)안에 들어갈 말을 1, 2 중에 고르세요.

(1) なかなか起きないので、仕方(しかた)なく子どもを起こして(　　)。

1　やった　　　　2　くれた

(2) 友達に背中(せなか)を押して(　　)ことで、勇気(ゆうき)が出た。

1　あげる　　　　2　もらう

(3) 先生は私たちを車で送って(　　)。

1　いただいた　　　　2　くださった

(4) クリスマスに、甥(おい)にプレゼントを買って(　　)。

1　やった　　　　2　くれた

(5) 電車がなくなってしまったので、友達を家に泊(と)めて(　　)。

1　もらった　　　　2　あげた

(6) 彼は、誰よりもまず私に合格したことを知らせて(　　)。

1　あげた　　　　2　くれた

(7) 親切な人が、私の犬を保護(ほご)して(　　)。

1　くださった　　　　2　いただいた

(8) 週末、娘(むすめ)の部屋を掃除(そうじ)して(　　)。

1　やった　　　　2　くれた

(9) おじいさんの話を1時間ほど聞いて(　　)ところ、涙を流して喜(よろこ)ばれた。

1　さしあげた　　　　2　くださった

(10) 若い人たちには、積極的(せっきょくてき)にボランティア活動(かつどう)をして(　　)。

1　いただきたい　　　　2　さしあげたい

정답　(1) 1　(2) 2　(3) 2　(4) 1　(5) 2　(6) 2　(7) 1　(8) 1　(9) 1　(10) 1

❺ 수동 • 사역 • 사역수동

접속형태 및 의미

구분	수동	사역	사역수동
형태	**れる · られる**	**せる · させる**	**せられる · させられる**
의미	~당하다 ~되다,~받다,~지다	시키다 ~하게하다	억지로~하다 (어쩔수 없이~하게되다)
1그룹	ない形＋れる	ない形＋せる	ない形＋せられる ない形＋される
2그룹	ない形＋られる	ない形＋させる	ない形＋させられる
する	される	させる	させられる
くる	こられる	こさせる	こさせられる

1) 수동형 예문

- 私(わたし)は彼(かれ)に気(き)づかれなかった。 그는 내가 있는 것을 알아차리지 못했다.
- 私は泥棒(どろぼう)に財布(さいふ)を盗(ぬす)まれました。 저는 도둑에게 지갑을 도둑 맞았습니다.
- この城(しろ)は江戸時代(えどじだい)に建(た)てられた。 이 성은 에도 시대에 지어졌다.
- 私は彼に要(い)らないものまで持(も)って来(こ)られた。 그는 나에게 필요 없는 것까지 가지고 왔다. (피해수동)
- 今日(きょう)は運動会(うんどうかい)なのに雪(ゆき)に降(ふ)られた。 오늘은 운동회인데 눈을 맞았다. (피해수동)

★れる/られる의 기타 용법

문장 속에 (ら)れる 형태가 등장한다고 해서 모두 수동표현은 아니기 때문에 주의할 필요가 있다. (ら)れる 형태는 수동 그 이외에도 가능, 존경, 자발 등의 기타 용법들이 있으며, 주어와 앞,뒤 문맥을 잘 살피면 어떤 의미인지 바로 파악할 수 있을 것이다.

- **수동 : ~당하다,~되다** 泥棒(どろぼう)にダイヤを盗(ぬす)まれた。 도둑에게 다이아를 도둑맞았다.
- **가능 : ~할 수 있다.** 日本(にほん)なら私一人(わたしひとり)で行(い)かれる。 일본이라면 나 혼자서 갈 수 있다.
- **존경 : ~하시다.** 社長(しゃちょう)は毎朝(まいあさ)6時に起(お)きられる。 사장님은 매일 아침 6시에 일어나신다.
- **자발 : ~하여지다.** 祖母(そぼ)の健康(けんこう)が案(あん)じられる。 할머니의 건강이 걱정된다.

2) 사역형 예문

- 母親は子供に風邪薬を飲ませた。 어머니는 아이에게 감기약을 먹였다. (강제)
- 上司は部下に企画書の提出を急がせた。 상사는 부하에게 기획서 제출을 재촉했다. (강제)
- 先週末、酔っ払った友達を家に泊まらせた。 지난 주말, 술 취한 친구를 집에 묵게 했다.(허가)
- 彼女の優しさが彼を立ち直らせた。 그녀의 자상함이 그를 다시 일어서게 했다 (유발)

★사역형 응용표현

- 課長、具合が悪いので今日は休ませてください。 과장님, 몸이 안 좋으니까 오늘은 쉬게 해 주세요.
- その会議、私も参加させていただけませんか。 그 회의, 저도 참가 시켜주세요.
- 私にも何か手伝わせて。 나도 뭔가 돕게 해 줘.

3) 사역수동 예문

- 駅前で彼に1時間も待たせられた(=待たされた)。 역 앞에서 그 남자 때문에 1시간이나 기다렸다.
- 毎日残業させられて疲れてしまった。 매일 야근을 해야 해서 지쳤다.
- 先輩の仕事を手伝わされた。 선배가 시켜서 어쩔 수 없이 일을 도왔다.

★사역수동의 기타표현

누군가의 행동에 의해 생긴 감정을 나타낼 때에도 사역수동형을 사용한다.

- 子供の素直さに感動させられた。 아이의 솔직함에 감동했다.
- あの店の対応にはがっかりさせられた。 그 가게의 대응에는 실망했다.
- 息子にはいつも心配させられる。 아들 때문에 항상 걱정이다.

기초문법

● 연습해 봅시다. (　　　) 안에 알맞은 조사를 넣으세요.

(1) ちょっとこの辞書(　　　)使わせてください。

(2) 祖母はスーパーに行くといつも私(　　　)好きなお菓子を選ばせた。

(3) 私は彼女(　　　)悩みを相談された。

(4) 彼は約束の時間に遅れて友達(　　　)怒らせた。

(5) 母は毎日私(　　　)ピアノの練習をさせる。

(6) 嫌いな野菜(　　　)無理矢理食べさせられた。

(7) 傘立てにあった傘を誰か(　　　)持っていかれました。

(8) 彼女は娘(　　　)何1つ家事をさせなかったそうだ。

(9) 犯人は息子のふりをして老人(　　　)お金を振り込ませた。

(10) 今朝、友達(　　　)電話で起こされた。

(11) 彼は何時間でも平気で人(　　　)待たせる。

(12) 駅前で彼(　　　)1時間も待たされた。

(13) 私(　　　)もそのゲームやらせてよ。

(14) キムさんは手料理を作って彼(　　　)喜ばせた。

정답　(1) を　(2) に　(3) に　(4) を　(5) に　(6) を　(7) に　(8) に　(9) に　(10) に　(11) を　(12) に　(13) に　(14) を

● 연습해 봅시다. a, b 중 적당한 것을 고르세요.

(1) 飲めないお酒を(**a** 飲ませられて / **b** 飲ませて)記憶を失った。

(2) 連絡もなしに家に (**a** 来させられて / **b** 来られて)困ってしまった。

(3) 医者にタバコを (**a** やめさせられた / **b**やめてくれた)。

(4) 会社は彼を地方に (**a** 転勤させた / **b** 転勤させられた)。

(5) 実家で母においしい手料理を (**a** 食べさせられた / **b** 食べさせてもらった)。

(6) 客をだまして契約書に (**a** サインさせた / **b**さいんさせられた)。

(7) 彼の頭の良さにはいつも (**a** 驚かされます / **b** 驚かれます)。

(8) 試合に向けて、選手は毎日(**a** 走らされました / **b** 走らせました)。

(9) 全ての責任を (**a** 取られて / **b** 取らされて)、彼は会社を辞めた。

(10) ゲームに負けて、飲み代を(**a** 払ってあげた / **b** 払わせられた)。

정답 (1) a (2) b (3) a (4) a (5) b (6) a (7) a (8) a (9) b (10) b

필수문법 247개

학습포인트

N2의 문법은 일상적인 장면에서 사용되는 일본어의 이해와 더불어, 보다 폭넓은 장면 즉, 신문이나 잡지 등의 기사나 논설, 평론 등을 읽고 이해할 수 있는 기능어들이 등장한다. 본 교재는 언어지식 문법 영역과 독해 영역에서 자주 등장하는 문법을 247개로 정리했다. N2의 기능어는 N1 문법 문제에서도 자주 출제되기 때문에 정확하게 학습해야 한다. 문형 하나하나의 의미와 접속형태를 숙지한 후에 예문을 확인하면서 기능어들이 문장 안에서 어떻게 활용되고 있는지 살펴보자.

1 ～あげく

의미 ～한 끝에

접속 [동사た형, 명사の] + あげく

예문 さんざん働(はたら)かされたあげく、給料(きゅうりょう)ももらえなかった。
실컷 일만 하고 월급도 받지 못 했다.

2 ～あまり

의미 너무 ～한 나머지, 지나치게 ～해서

접속 [동사-사전형 · た형 / ナ형용사な / 명사の] + あまり

예문 緊張(きんちょう)のあまり、手(て)が震(ふる)えた。
너무 긴장한 나머지 손이 떨렸다.

3 ～以上(いじょう)(は)

의미 ～한 이상(은), ～인 이상(은)

접속 [동사, イ형용사, ナ형용사, 명사]의 명사수식형 + 以上(は)
★단, [명사-の]의 형태는 사용하지 않고, [명사-である]를 사용한다.

예문 出席(しゅっせき)すると返事(へんじ)をした以上(いじょう)、行(い)かなければならない。
출석하겠다고 대답한 이상, 가지 않으면 안 된다.

4 ～一方(いっぽう) / ～一方で(は)

의미 ～한편, ～하는 한편으로(는)

접속 [동사, イ형용사, ナ형용사, 명사]의 명사수식형 + 一方(で)

예문 田舎(いなか)は交通(こうつう)が不便(ふべん)な一方(いっぽう)で、空気(くうき)や水(みず)はきれいだ。
시골은 교통이 불편한 한편, 공기나 물은 깨끗하다.

5 ～一方(いっぽう)だ

의미 ～할 뿐이다, 오로지～하기만하다

접속 동사 사전형 + 一方だ
★변화를 나타내는 동사와 함께 사용한다.

예문 忙(いそが)しくて買(か)い物(もの)する時間(じかん)がないので、お金(かね)が増(ふ)える一方(いっぽう)だ。
바빠서 쇼핑할 시간이 없어서, 돈이 점점 늘어날 뿐이다

6 ～上(うえ)(に)

의미 ～한데다

접속 [동사, イ형용사, ナ형용사, 명사]의 명사 수식형 + 上 (に)

예문 彼(かれ)とは家(いえ)が近(ちか)い上(うえ)に、会社(かいしゃ)も同(おな)じだ。
그 사람과는 집이 가까운 데다가 회사도 같다.

7	～上で	**의미** 우선 ~한 후에, ~한 다음에(일이 끝난 다음에) **접속** [동사た형, 명사の] + 上で **예문** ご家族とよく相談した上で、決めてください。 가족분들과 잘 의논한 후에, 결정하세요.
8	～上で	**의미** ~하는데 있어서, ~함에 있어(목적) **접속** [동사 사전형, 명사の] + 上で **예문** ドラマは会話の練習をする上で、とても役に立ちます。 드라마는 회화 연습을 하는 데 있어서 굉장히 도움이 됩니다
9	～上は	**의미** ~한 이상은 **접속** [동사 사전형 · た형, 명사である] + 上は **예문** 約束した上は、守ります。 약속한 이상, 지키겠습니다.
10	①～うちに ②～ないうちに	**의미** ① ~하는 동안(사이)에, ~하는 가운데(시간의 폭) ②~않는 사이에, ~하기 전에 **접속** [동사 사전형 · ない / イ형용사い / ナ형용사な / 명사の] + うちに **예문** ①若いうちにいろいろな経験をしたい。 젊을 때, 다양한 경험을 하고 싶다. ②しばらく会わないうちにピアノが上手になった。 잠시 만나지 않는 사이 피아노가 능숙해졌다. 暗くならないうちに、家へ帰りましょう。 어두어지기 전에 집에 갑시다.
11	①～得る(=得る) ②～得ない	**의미** ①할 수 있다, 가능하다, 있을 수 있다 ②할수 없다 **접속** 동사ます형 + 得る **예문** 日本と同じような問題が韓国でも起こり得る。 일본과 똑같은 문제가 한국에서도 일어날 수 있다.
12	～おかげで	**의미** 덕분에, 덕택에, 덕택으로 ★좋은결과를 초래할 경우에 쓴다. **접속** [동사, イ형용사, ナ형용사, 명사]의 명사수식형 + おかげで **예문** 友達に話を聞いてもらったおかげで気持ちが楽になった。 친구가 이야기를 들어 준 덕분에 마음이 편해졌다.
13	～恐れがある	**의미** ~할 우려가 있다 **접속** [동사 사전형, 명사の] + おそれがある **예문** 使い方を間違うと、けがをするおそれがあります。 사용법을 잘못하면, 다칠 우려가 있습니다.

14 お～です

의미 ～하시다

접속 お + 동사ます형 + です

예문 どなたをお探(さが)しですか。 어느 분을 찾으십니까?

15 ～折(おり)に

의미 ～할 때(에), ～하는 기회에

접속 [동사 사전형 · た형, 명사の] + おりに

예문 韓国(かんこく)へご旅行(りょこう)の折(おり)には、ぜひ連絡(れんらく)ください。
한국에 여행 오실 때는 꼭 연락 주세요.

16 ～かいがあって

의미 ～한 보람이 있어서

접속 [동사 사전형 · た형, 명사の] + かいがあって

예문 頑張(がんば)ったかいがあって、彼(かれ)は課長(かちょう)になった。
열심히 한 보람으로, 그는 과장이 되었다.

17 ①～かぎり(は) ～かぎりでは ～ないかぎり(は) ②～かぎり

의미 ①～하는 한(한계), ～하는 바로는, ～않는 한(은) ②～를 끝으로

접속 ① [동사 사전형 · た형 / イ형용사い / ナ형용사な / 명사の · である] + かぎり(は)
②명사 + かぎり

예문 ① 私が見(み)た限(かぎ)りでは、この家(いえ)には誰(だれ)もいないようです。
제가 본 바로는 이 집에는, 아무도 없는 것 같습니다.
彼(かれ)が言(い)わない限(かぎ)り、聞(き)くのはやめましょう。
그가 말하지 않는 한, 묻지 맙시다.
② 今日(きょう)限(かぎ)りで退社(たいしゃ)することになった。 오늘로 퇴사하게 되었다.

18 ～かけだ ～かけの ～かける

의미 ～하다 만 것이다, ～하다 만, ～하다 말다

접속 동사ます형 + かけだ

예문 この本(ほん)は読(よ)みかけですから、そのままにしておいてください。
이 책 읽는 도중이니까, 그대로 놔 주세요.
テーブルの上(うえ)に飲(の)みかけのコーヒーが置(お)いてあった。
테이블 위에 마시다 만 커피가 놓여 있었다.
国(くに)の両親(りょうしん)に手紙(てがみ)を書(か)きかけた時(とき)、両親(りょうしん)から電話(でんわ)がかかってきた。
고국에 계시는 부모님께 편지를 막 쓰려고 시작했을 때, 부모님으로부터 전화가 왔다.
★동사 ます형+かける의 관용적 표현
「問いかける(질문을 던지다)」, 「語りかける(말걸다)」, 「誘いかける(권유하다)」

19 ～がたい

의미 ～하기 어렵다, ～할 수 없다

접속 동사ます형 + がたい

예문 信(しん)じがたいと思(おも)いますが、これは本当(ほんとう)にあった話(はなし)です。
믿기 어렵겠지만, 이것은 진짜로 있었던 이야기입니다.

20	～が～だけに	의미 ～가 ～인 만큼 접속 명사 + が + 명사 + だけに 예문 問題(もんだい)が問題(もんだい)だけに解決(かいけつ)には時間(じかん)がかかるだろう。 문제가 문제인 만큼 해결하기에는 시간이 걸릴 것이다.
21	～がち	의미 자주 ～하다, ～하기 십상이다 접속 [동사ます형, 명사] + がち 예문 子供(こども)の頃(ころ)から体(からだ)が弱(よわ)くて学校(がっこう)を休(やす)みがちだった。 어렸을 때부터 몸이 약해서 자주 학교를 쉬었다.
22	～(か)と思(おも)うと ～(か)と思うたら	의미 ～(했는가)생각하자, ～나 싶더니 접속 동사た형 +(か)と思うと 예문 年(とし)が明(あ)けたかと思(おも)うと、もう年末(ねんまつ)になっている。 새해가 밝았다고 생각한 순간, 벌써 연말이 되었다.
23	～か～ないかのうちに	의미 ～하자마자, 채 ～되기도 전에 접속 [동사 사전형 · 동사た형] + か + [동사ない형] + かのうちに 예문 家(いえ)に着(つ)くか着(つ)かないかのうちに母(はは)から電話(でんわ)が来(き)た。 집에 도착하자마자 엄마한테 전화가 왔다.
24	①～かねない ②～かねる	의미 ①～하기 쉽다, ～할 수도 있다, ～일지도 모른다 ②～하기 어렵다, ～할 수 없다 접속 동사ます형 + かねない 예문 ① あのやり方(かた)じゃ、また失敗(しっぱい)しかねないね。 그 방법으로는 또다시 실패할 수도 있겠군(실패할지도 모르겠다). ② その質問(しつもん)にはお答(こた)えしかねます。 그 질문에는 답변드리기 어렵습니다.
25	～かのようだ ～かのような ～かのように	의미 (마치)~인 듯하다, ～인듯한, ～인 것처럼 접속 [동사, イ형용사, ナ형용사, 명사]의 보통형+ かのように ★단, [명사だ, ナ형용사だ]는 [명사-である, ナ형용사-である]가 되는 경우도있다. 예문 その人形(にんぎょう)はまるで生(い)きているかのように見(み)えた。 그 인형은 마치 살아있는 것처럼 보였다.
26	～からいうと ～からいえば ～からいって	의미 ～로 말하면, ～로 말하자면, ～로 말해서(～로 봐서) 접속 명사 + からいうと 예문 結論(けつろん)からいうと、この実験(じっけん)は失敗(しっぱい)すると思(おも)います。 결론부터 말하자면, 이 실험은 실패할 거라고 생각합니다.

27 ~からして

의미 ~부터가, ~로 미뤄 보아

접속 명사 + からして

예문 さすが部長(ぶちょう)。考(かんが)え方(かた)からして違(ちが)いますね。
과연 부장님이에요. 생각하는 것부터가 다르군요.

28 ~からすると

의미 ~입장에서 본다면

접속 명사 + からすると

예문 自分(じぶん)は親切(しんせつ)のつもりでも、相手(あいて)からすると迷惑(めいわく)なこともある。
본인은 친절을 베풀 생각이라 해도, 상대방의 입장에서 본다면 폐가 되는 경우도 있다.

29 ~からといって

의미 ~라고 해서

접속 [동사, イ형용사, ナ형용사, 명사]의 보통형 + からといって

예문 暑(あつ)いからといって冷(つめ)たいものばかり食(た)べてはいけません。
덥다고 해서 찬 것만 먹어서는 안 됩니다.

30 ~から~にかけて

의미 ~부터 ~에 걸쳐서

접속 명사 + から + 명사 + に かけて

예문 毎年(まいとし)2月(がつ)から3月(がつ)にかけては仕事(しごと)が忙(いそが)しい。
매년 2월부터 3월에 걸쳐서 일이 바쁘다.

31 ~からには ~からは

의미 ~한 이상은, ~이니까 당연히

접속 [동사, イ형용사, ナ형용사, 명사]의 보통형 + からには
★유사표현「~以上は」,「~上は」

예문 彼(かれ)がそこまで言(い)うからには何(なに)か理由(りゆう)があるはずだ。
그가 그렇게까지 말한 이상은 뭔가 이유가 있을 것이다.

32 ~代(か)わりに

의미 ~대신에 〈대상〉
~대신해서(사람 뒤에 올 때), ~대신에 〈대리〉

접속 [동사, イ형용사, ナ형용사, 명사]의 명사 수식형 + 代わりに
[동사 사전형, 명사の]

예문 彼女(かのじょ)は家族(かぞく)を失(うしな)った代(か)わりに多額(たがく)の財産(ざいさん)を手(て)にした。
그녀는 가족을 잃은 대신에 고액의 재산을 손에 넣었다.
ご飯(はん)の代(か)わりにパンでもいいかな。밥 대신에 빵이라도 괜찮을까.

33 ~ぎみ

의미 왠지 ~한 느낌

접속 [동사ます형, 명사] + 気味

예문 このところ、毎日残業(まいにちざんぎょう)で疲(つか)れ気味(ぎみ)だ。
요즘 매일 야근으로 왠지 피곤하다.

34 ~きり

의미 ~인 채, ~한 채

접속 동사た형 + きり

예문 本当(ほんとう)の母親(ははおや)とは10年前(ねんまえ)に一度(いちど)会(あ)ったきりだ。
친어머니와는 10년 전에 한 번 만났을 뿐이다.

35 ①〜きる ②〜きれる	의미	①(완전히) 〜하다 ②(완전히) 〜할수 있다
	접속	동사ます형 + きる, きれる
	예문	①彼(かれ)は500メートル泳(およ)ぎきった。그는 500미터를 다 헤엄쳤다. ②田舎(いなか)から食(た)べきれないほどの野菜(やさい)が送(おく)られてきた。 시골에서 다 먹을 수 없을 정도의 채소를 보내 왔다.
36 〜くせに	의미	〜이면서, 〜인 주제에
	접속	[동사, イ형용사, ナ형용사, 명사]의 명사 수식형 + くせに
	예문	花子(はなこ)は子供(こども)のくせに大人(おとな)みたいなことを言(い)う。 하나코는 어린애 주제에 어른 같은 말을 한다.
37 〜くらいなら	의미	〜정도라면
	접속	동사 사전형 + くらいなら
	예문	彼(かれ)に手伝(てつだ)ってもらうくらいなら、自分(じぶん)でやったほうがましだ。 그에게 도움을 받느니(받을 정도라면) 혼자서 하는 편이 낫다.
38 〜くらい〜はない	의미	〜정도로 〜는 없다
	접속	[동사–사전형・ない형-ない / イ형용사い / ナ형용사な / 명사] + くらい〜はない
	예문	疲(つか)れているときにお風呂(ふろ)に入(はい)ることくらい嫌(いや)なことはない。 피곤할 때 목욕하는 것만큼 싫은 것은 없다.
39 〜げ	의미	〜인 듯한, 〜인 듯이
	접속	[イ형용사–어간, ナ형용사–어간] + げ ★「あり + げ」의 형태도 있음
	예문	その店員(てんいん)はいつも不満(ふまん)げな顔(かお)をしている。 그 점원은 언제나 불만인 듯한 얼굴을 하고 있다.
40 〜こそ 〜からこそ	의미	① 〜야말로 ② 〜때문에, 〜이기에
	접속	명사 + こそ [동사, イ형용사, ナ형용사, 명사]의 보통형 + からこそ
	예문	来年(らいねん)こそは試験(しけん)に合格(ごうかく)したい。내년이야말로 시험에 합격하고 싶다. ビジネスはもうかるからこそ面白(おもしろ)い。 비즈니스는 돈을 벌기 때문에 재미있다.
41 〜ことか	의미	〜는지, 〜인가, 〜던가
	접속	[동사, イ형용사, ナ형용사]의 명사수식형 + ことか
	예문	花子(はなこ)が生(う)まれたとき、お父(とう)さんがどんなに喜(よろこ)んだことか。 하나코가 태어났을 때, 아버지가 얼마나 기뻐했는지.

42 ~ことから	의미 ~로 인해, ~것에서, ~데에서 접속 [동사, イ형용사, ナ형용사, 명사]의 명사수식형 + ことから ★단, [명사-の]의 형태는 사용하지 않고, [명사-である]를 사용한다. 예문 指紋(しもん)が残(のこ)されていたことから、犯人(はんにん)はすぐに捕(つか)まった。 지문이 남겨져 있는 것으로 인해 범인은 금방 붙잡혔다.
43 ~ことだ	의미 ①매우 ~하다 〈놀라움・감동〉 ②~해야 한다 (조언・충고) 접속 ①イ형용사 사전형, ナ형용사な + ことだ ②[동사 사전형・ない형]+ ことだ 예문 ①みんなに誕生日(たんじょうび)を祝(いわ)ってもらえるなんて、ありがたいことだ。 모두에게 생일 축하를 받다니 너무 고맙다. ②やせたいなら、たくさん食(た)べないことだ。 살 빼고 싶으면 많이 먹지 말아야 한다.
44 ~ことだから	의미 ~일이니까 ~이니까 접속 명사の + ことだから 예문 優(やさ)しい山田(やまだ)さんのことだから、喜(よろこ)んで手伝(てつだ)ってくれるでしょう。 친절한 야마다 씨이니까, 기꺼이 도와줄 거예요. ★주로 사람을 나타내는 명사에 붙는다. 화자와 청자가 알고 있는 인물에 대해, 그 사람의 성격이나 행동방식에 근거해 어떤 판단을 내릴 때 사용한다.
45 ~ことだし	의미 ~하고 있고, ~고 하니까 접속 [동사, イ형용사, ナ형용사, 명사]의 명사수식형 + ことだし ★단, [명사だ, ナ형용사だ]는 [명사-である, ナ형용사-である]가 되는 경우도 있다. 예문 のども渇(かわ)いたことだし、どこかでお茶(ちゃ)でもしましょうか。 목도 마르고, 어디서 차라도 마실까요?
46 ~ことだろう	의미 얼마나 ~인가 접속 [동사, イ형용사, ナ형용사, 명사]의 명사수식형 + ことだろう ★단, [명사だ, ナ형용사だ]는 [명사-である, ナ형용사-である]가 되는 경우도있다. 예문 頑張(がんば)っても認(みと)められないとは、なんて悲(かな)しいことだろう。 열심히 해도 인정받지 못하다니, 얼마나 슬픈 일인가.
47 ~こととなると	의미 ~가 화제가 되면, ~소리만 들으면 접속 명사の + こととなると 예문 彼(かれ)は娘(むすめ)のこととなると、とてもうれしそうな顔(かお)をする。 그는 딸 얘기만 하면 정말 기쁜 듯한 얼굴을 한다.

48 ～ことなく

의미 ～하지 않고

접속 동사 사전형 + ことなく

예문 彼女(かのじょ)は毎日(まいにち)休(やす)むことなく働(はたら)いた。 그녀는 매일 쉬지 않고 일했다.

49 ～ことに(は)

의미 ～하게도, ～것으로(는)

접속 [동사た형, イ형용사い, ナ형용사な] + ことに(は)

예문 面白(おもしろ)いことに、彼(かれ)は母親(ははおや)とよく似(に)た女性(じょせい)と結婚(けっこん)した。
재미있게도, 그는 어머니와 매우 닮은 여성과 결혼했다.

50 ～ことは～が

의미 ～하기는 ～지만

접속 [동사 / イ형용사 / ナ형용사] 의 명사수식형+ ことは [동사 / イ형용사 / ナ형용사] 의 보통형 + が

예문 日本語(にほんご)を話(はな)せることは話(はな)せるんですが、上手(じょうず)ではありません。
일본어를 말할 수 있기는 하지만, 잘하지는 못 합니다.

51 ～ことはない

의미 ～할 필요는 없다

접속 동사 사전형 + ことはない

예문 彼(かれ)の言(い)うことなんて、気(き)にすることはないですよ。
그가 말하는 것 따위 신경 쓸 필요 없어요.

52 ～際(さい)

의미 ～일 때는, ～때

접속 [동사–사전형 · た형, 명사の]+ 際(に, は)

예문 山田(やまだ)さんとは大阪(おおさか)を旅行(りょこう)した際(さい)、知人(ちじん)の紹介(しょうかい)で会(あ)った。
야마다 씨와는 오사카를 여행했을 때 지인의 소개로 만났다.

53 ～最中(さいちゅう)(に)

의미 한창 ～하는 중(에), ～하는 도중(에)

접속 [동사–ている형, 명사の] + 最中(に)

예문 食事(しょくじ)の支度(したく)をしている最中(さいちゅう)に夫(おっと)が帰(かえ)ってきた。
한창 식사 준비를 하고 있는 중에 남편이 돌아왔다.

54 ～(で)さえ

의미 ～조차

접속 명사 + さえ

예문 子供(こども)にさえできるのだから、そんなに難(むずか)しくないだろう。
어린이조차도 할 수 있으니까 그렇게 어렵지 않을꺼야.
先生(せんせい)でさえわからないのだから、私(わたし)たちには無理(むり)でしょう。
선생님조차 모르기 때문에, 우리들은 무리일 것이다.

55 さえ～ば

의미 ～만 ～하면, ～만 있으면

접속 동사–ます형 +さえ+すれば

イ형용사く / ナ형용사で / 명사で → さえ+あれば

명사 + さえ + [동사–ば / イ형용사ければ / ナ형용사なら / 명사なら]

예문 彼は時間さえあればテレビを見ている。
그는 시간만 있으면 텔레비전을 보고 있다.

このラーメンはお湯を入れさえすれば食べられます。
이 라면은 뜨거운 물을 넣기만 하면 먹을 수 있습니다.

56 ～(さ)せてくれませんか

의미 ～하게 해(시켜) 주십시오, 제가 ～해도 될까요?

접속 동사–사역형 + (さ)せてくれませんか

예문 その話、私にも聞かせてくれませんか。
그 이야기, 저에게도 들려주시지 않겠습니까?

57 ～(さ)せてもらえませんか

의미 ～하게 해 주십시오, ～해도 될까요?

접속 동사–사역형 + (さ)せてもらえませんか

예문 私に説明させてもらえませんか。 제가 설명해도 될까요?

58 ～ざるをえない

의미 ～할 수 밖에 없다, ～해야 한다

접속 동사ない형 + ざるをえない ★예외 : しない → せざるをえない

예문 年をとっても生活のために働かざるをえない。
나이가 들어도 생활을 위해서 일할 수 밖에 없다.

59 ～しかない

의미 ～하는 수 밖에 없다, ～해야 한다

접속 [동사 사전형, 명사] + しかない

예문 飛行機の予約がとれなかったので、旅行をあきらめるしかなかった。
비행기 예약을 못했기 때문에, 여행을 포기할 수 밖에 없었다.

60 ～次第

의미 ～되는 대로, ～하는 즉시

접속 동사ます형 + 次第

예문 会場の準備ができ次第、お知らせします。
회장 준비가 되는 대로 알려드리겠습니다.

61 ～次第だ

의미 ～인 까닭이다, ～하는 바이다

접속 [동사, イ형용사, ナ형용사]의 명사수식형 + 次第だ

예문 まずは課長の意見を伺いたいと思い、ご連絡した次第です。
우선은 과장님의 의견을 여쭙고 싶어서 연락드리는 바입니다.

62 ～次第で(は) ～次第だ

의미 ～에 따라(서), ～에 달렸다

접속 명사 + 次第で

예문
考え方次第で、人生はいくらでも楽しくなる。
생각하기에 따라서 인생은 얼마든지 즐거워진다.
検査の結果次第では、手術をするかもしれない。
검사 결과에 따라서 수술할 지도 모른다.
明日の試合で勝てるかどうかはあなた次第だ。
내일 시합에서 이길 수 있을지 어떨지는 너에게 달려있다.

63 ～末(に)

의미 ～한 끝에

접속 [동사た형, 명사の] + 末(に)

예문
悩んだ末に、日本に留学することにした。
고민한 끝에 일본에 유학하기로 했다.

64 ～ずじまい

의미 ～하지 못하고 끝났다

접속 동사ない형 + ずじまい ★예외：しない → せずじまい

예문
病気の原因はわからずじまいだった。
병의 원인은 알지 못하고 끝났다.

65 ～ずにはいられない

의미 ～하지 않고는 견딜 수 없다, ～하지 않고는 참을 수 없다

접속 동사ない형 + ずにはいられない
★예외：しない → せずにはいられない

예문
部屋が汚くて掃除をせずにはいられなかった。
방이 더러워서 청소를 하지 않고는 견딜 수 없었다.

66 ～せいだ ～せいで ～せいか

의미 ～탓이다, ～탓으로, ～탓인지

접속 [동사, イ형용사, ナ형용사, 명사]의 명사 수식형 + せいで

예문
冷たいものを食べたせいで、お腹の調子がよくない。
찬 것을 먹은 탓에 배의 상태가 좋지 않다.

67 ～たいものだ

의미 정말 ～하고 싶다 〈원하고 바람〉

접속 동사ます형 + たいものだ

예문
いつかは社長になりたいものだ。
언젠가는 정말 사장이 되고 싶다.

68 だけあって / だけのことはある

의미 ~인 만큼, ~이기 때문에 그만한 값어치를 한다 〈적격・알맞음〉

접속 [동사, イ형용사, ナ형용사, 명사]의 명사 수식형 + だけあって

★단, [명사-の]의 [の]는 붙지않는다.

예문 10年も日本に住んでいただけあって、彼は日本語が上手だ。
10년이나 일본에 살고 있었던 만큼 그는 일본어를 잘한다

彼女は人前で話すのがうまい。さすがに学校の先生をしただけのことはある。
그녀는 사람들 앞에서 말하는 게 능숙하다. 역시 고등학교 선생님을 해서 그런지 다르다.

大学に合格した。これまで頑張っただけのことはあった。
대학에 합격했다. 지금까지 열심히 한 만큼의 보람은 있었다.

69 だけに

의미 ①~인 만큼, ~이기 때문에 〈적격・알맞음〉
②~때문에, ~이기에 〈예상의 반대〉

접속 ①[동사, イ형용사, ナ형용사, 명사]의 명사 수식형 + だけに
②[동사, イ형용사, ナ형용사]의 명사 수식형 + だけに

예문 ①高校のとき陸上選手だっただけに、彼女は走るのがとても速い。
고등학교 때 육상선수였던 만큼, 그녀는 달리기가 매우 빠르다.

②期待していなかっただけに、試験に合格して本当にうれしかった。
기대하고 있지 않았기에 시험에 합격해서 정말로 기뻤다.

70 だけまし

의미 ~만으로 만족, ~만으로 단념

접속 [동사, イ형용사, ナ형용사, 명사]의 보통형 + だけまし

★단, [명사-だ, ナ형용사-だ]는 [명사-である, ナ형용사-である]가 되는 경우도 있다.

예문 車は壊れましたが、けが人が出なかっただけましです。
자동차는 부서졌지만, 다친 사람이 없었던 것만으로 다행입니다.

71 たとえ~ても

의미 만약 ~라고 해도, 설령 ~라고 해도

접속 たとえ + [동사-ても / イ형용사-くても / ナ형용사-でも / 명사-でも]

예문 たとえ忙しくても、電話ぐらいできるはずだ。
설령 바쁘다 해도 전화 정도는 할 수 있을 것이다.

72 ~たところ

의미 ~했더니, ~했는데

접속 동사た형 + ところ

예문 友達に紹介されて会ってみたところ、なかなかいい人だった。
친구에게 소개받아서 만나봤더니 꽤 좋은 사람이었다.

73 ～たとたん(に)

의미 ～하자마자, ～한 순간

접속 동사た형 + とたん(に)

예문 外に出たとたん、すべって転んだ。
밖에 나가자마자, 미끄러져서 굴렀다.

74 ～たび(に)

의미 ～할 때마다

접속 [동사 사전형, 명사の] + たび(に)

예문 彼女は会うたびにきれいになる。
그녀는 만날 때마다 예뻐진다.

75 ～だらけ

의미 ～투성이

접속 명사 + だらけ

예문 猫と遊んでいたら、服が毛だらけになってしまった。
고양이와 놀았더니 옷이 털투성이가 돼버렸다.

76 ～たら(ば)～だろう(に)

의미 ～하면 (했으면) ～했을 텐데

접속
동사たら
イ형용사かったら
ナ형용사だったら
명사だったら
\+ だろう（に）

예문 母が生きていたら喜んだだろうに。
엄마가 살아있었다면 기뻐했을 텐데.

77 ～ついでに

의미 ～하는 김에, ～하는 차에

접속 [동사 사전형・た형, 명사の] + ついでに

예문 スーパーに行くついでに薬局に行って来て。
슈퍼에 가는 김에 약국에 갔다 와.

78 ～っけ

의미 ～던가, ～였나?, ～였지?

접속 [동사, イ형용사, ナ형용사, 명사]의 보통형 + っけ
★「～ましたっけ」, 「～でしたっけ」도 사용한다.

예문 今日、何曜日だっけ？ 오늘 무슨 요일이었지?

79 ～っこない

의미 ～할 리가 없다

접속 동사ます형 + っこない

예문 宝くじなんて当たりっこないよ。
복권 같은 거 당첨될 리가 없어.

80 ～つつ

의미 ①～하면서도 〈역접〉 ②～하면서 〈동시 진행〉

접속 동사ます형 + つつ

예문 ①彼には悪いと思いつつ、面倒な仕事をお願いした。
그에게는 미안하다고 생각하면서도 번거로운 일을 부탁했다.
②カフェでコーヒーを飲みつつ、本を読むのが好きだ。
카페에서 커피를 마시면서 책 읽는 것을 좋아한다.

81 ～つつある

의미 ～하는 중이다, ～하고있다

접속 동사ます형 + つつある

예문 結婚に対する考え方が大きく変わりつつある。
결혼에 대한 사고방식이 크게 변하고 있다.

82 ～って

의미 ①～래, ～라고 하던데 〈전문〉
②～라니, ～라는 것은 〈주제〉

접속 ① [동사, イ형용사, ナ형용사, 명사]의 보통형 + って
★「～ますって」「～ですって」도 사용한다.
② [동사 사전형 (の) / イ형용사い / ナ형용사의 어간 / 명사] + って

예문 ①花子さんは風邪でお休みですって。
하나코 씨는 감기로 쉰다고 하던데요.
②お話って、何でしょうか。 이야기라니, 뭐지요?

83 ～っぽい

의미 ～의 경향(성질)이 있다, ～스럽다, ～답다

접속 [동사ます형, 명사] + っぽい

예문 今日の服、大人っぽいですね。
오늘 입은 옷, 어른스럽군요.

84 ①～つもりで ②～つもりだ

의미 ①～한 셈치고
②～하다고 생각하다

접속 ①동사た형 + つもりで
②[동사, イ형용사, ナ형용사, 명사]의 명사 수식형 + つもりだ
★예외 : 동사는 「동사 た형」의 형태만 사용함.

예문 ①お金は旅行したつもりで、貯金することにした。
돈은 여행한 셈 치고 저금하기로 했다.
②いつまでも若いつもりでいたらだめですよ。
언제나 젊다고 생각하고 있으면 안 돼요.

85 ～以来

의미 ～한 이래, ～한 이후

접속 [동사て형, 명사] + 以来

예문 就職して以来、毎月5万円ずつ貯金している。
취직한 이후, 매월 5만 엔씩 저금하고 있다.

86 ～てからでないと ～てからでなければ

- 의미 ～하고 나서가 아니며, ～하지 않으면
- 접속 동사て형 + からでないと
- 예문 よく調べてからでないと、お答えできません。
  잘 알아보지 않으면, 대답할 수 없습니다.

87 ～てからは

- 의미 ～하고 부터는
- 접속 동사て형 + からは
- 예문 韓国に帰ってきてからは、ほとんど日本語を使っていません。
  한국에 돌아와서부터는 거의 일본어를 쓰지 않습니다.

88 ～てこそ

- 의미 ～해야 비로소
- 접속 동사て형 + こそ
- 예문 結果を出してこそ、努力が認められる。
  결과를 내야 비로소 노력이 인정된다.

89 ～てしかたがない

- 의미 ～해서 견딜 수가 없다
- 접속 [동사て형, イ형용사くて, ナ형용사で] + しかたがない
- 예문 彼は娘が生まれてうれしくてしかたがないようだ。
  그는 딸이 태어나서 너무 기뻐서 어찌할 바를 모르는 것 같다.

90 ～てしょうがない

- 의미 어쩌면 좋을지 모르겠다, ～해서 죽겠다
- 접속 [동사て형, イ형용사くて, ナ형용사で] + しょうがない
- 예문 毎日雪が降って寒くてしょうがない。
  매일 눈이 내려서 추워 죽겠다.

91 ～てたまらない

- 의미 ～해서 견딜 수가 없다, ～해서 죽겠다
- 접속 [동사て형, イ형용사くて, ナ형용사で] + たまらない
- 예문 毎日学校に行くのが嫌でたまらない。
  매일 학교에 가는 게 싫어서 견딜 수가 없다.

92 ～てでも

- 의미 ～해서라도
- 접속 동사て형 + でも
- 예문 「若いころの苦労は買ってでもせよ」という言葉がある。
  '젊었을 때 고생은 사서 한다'라는 말이 있다.

93 ～てならない

- 의미 ～해서 견딜 수가 없다
- 접속 [동사て형, 형용사くて, ナ형용사で] + ならない
- 예문 孫がかわいくてならない。
  손자가 귀여워서 견딜 수가 없다.

94 ~ては

의미 ~하고는

접속 동사て형 + は

예문 土地を買っては高く売り、また買っては高く売る…これを繰り返して彼は金持ちになった。
그는 토지를 사고는 비싸게 팔고, 또 사서 비싸게 팔고…이것을 반복해서 부자가 됐다.

95 ~てはじめて

의미 ~하고 나서 비로소

접속 동사て형 + はじめて

예문 自分が子供を持ってはじめて、親の気持ちがわかった。
자신이 아이를 가지고 나서 비로소, 부모의 마음을 알았다.

96 ~ではないか

의미 ①~는 것이 아닌가, ~이 아닌가 〈감동〉
②~이다, ~이지 않느냐 〈판단〉

접속 [동사・イ형용사・ナ형용사・명사]의 보통형 + ではないか
★단, ナ형용사와 명사의 「だ」는 붙이지 않는다.

예문 ①家に帰ると部屋がきれいに掃除されているではないか。
집에 돌아오니 방이 깨끗하게 청소되어 있는 것이 아닌가.
②どう考えても彼では実力が足りないではないか。
아무리 생각해도 그로는 실력이 부족하지 않을까.

97 ~てほしい

의미 ~하길 바란다, ~했으면 좋겠다

접속 [동사て형・동사ないで] + ほしい

예문 夜遅くに電話をするのはやめてほしい。
밤늦게 전화를 하는 것은 그만했으면 좋겠다.

98 ~てほしいものだ

의미 ~하길 바란다, ~해 주었으면 좋겠다

접속 동사て형 + ほしいものだ

예문 早く一人でできるようになってほしいものだ。
빨리 혼자서 할 수 있게 되길 바란다.

99 ~手前

의미 ~한 주제라서, ~했기 때문에(체면상)

접속 [동사 사전형・ている형・た형, 명사の] + 手前

예문 友達に夏は海外に行くと自慢した手前、行かないわけにはいかない。
친구에게 여름엔 해외에 간다고 자랑했기 때문에 안 갈 수가 없다.

100 ~てまで

의미 ~해서까지

접속 동사て형 + まで

예문 両親に反対されてまで彼と結婚する気はない。
부모님 반대를 거역하면서까지 그와 결혼할 마음은 없다.

101 ～てみせる

의미 ～하겠다, ～해 보이겠다

접속 동사て형 + みせる

예문 いつかきっと成功してみせる。언젠가 꼭 성공해 보이겠다.

102 ～てもさしつかえない

의미 ～해도 괜찮다, ～해도 상관없다

접속 [동사て형も / イ형용사くても / ナ형용사でも / 명사でも] + さしつかえない

예문 詳しく聞いてもさしつかえないですか。
자세하게 물어도 괜찮습니까?

103 ～と

의미 ①～하자, ～하고 나서 〈계기 (잇달아 일어남)〉
②～하면 (～할 텐데) 〈사실과 반대되는 가상〉

접속 동사 사전형 + と

예문 ①彼は家に帰ってくるとすぐテレビをつける。
그는 집에 돌아오면 바로 텔레비전을 켠다.
②旅行、山田さんも来るといいのにね。
여행, 야마다 씨도 오면 좋을 텐데 말이야.

104 ～というか～というか

의미 ～라고 해야 할지 ～라고 해야 할지

접속 [명사, イ형용사い, ナ형용사-어간] + というか +
[명사, イ형용사い, ナ형용사-어간] + というか

예문 友達というか恋人というか、今はまだなんとも言えません。
친구라고 해야 할지, 애인이라고 해야 할지, 지금은 아직 뭐라고도 말할 수 없습니다.

105 ～ということだ

의미 ①～라고 한다 〈전문〉
②～이다, ～라는 것이다 〈결론〉

접속 형용사, ナ형용사, 명사]의 보통형 + ということだ

예문 ①社長は30分ほど遅れるということです。
사장님은 30분 정도 늦는다고 합니다.
②私の料理を食べないのは、おいしくないということよね。
내가 만든 요리를 먹지 않는 건, 맛이 없기 때문인거야.

106 ～というと

의미 ①～라고 하면 〈연상〉
②～라면, 그렇다면 〈확인〉

접속 [동사, イ형용사, ナ형용사, 명사]의 보통형 + というと
★단, 명사의「だ」는 붙이지 않는다.

예문 ①歯医者というと、怖いとか痛いというイメージがある。
치과라고 하면 무섭거나 아플 거라는 이미지가 있다.
②キムさんというと、韓国の方でしょうか。
김 씨라면, 한국분이신가요?

107 ～というものだ ～というものではない

의미 ①～라는 것이다. ～라고 할 수 밖에 없다
②～라는 것은 아니다. 항상 ～라고는 할 수 없다

접속 [동사, イ형용사, ナ형용사, 명사]의 보통형 + というものだ
★단, ナ형용사와 명사의「だ」는 붙이지 않는 경우가 많다.

예문 ①親しくもないのに困ったときだけ助けてもらおうなんて無理というものだ。
친하지도 않은데 곤란할 때만 도와달라고 하다니 무리라고 할 수 밖에 없다.
②通訳は単に言葉が話せればいいというものではない。
통역은 단순히 말을 할 수 있으면 된다고는 할 수 없다.

108 ～というより

의미 ～라기 보다, ～라고 하기 보다

접속 [동사, イ형용사, ナ형용사, 명사]의 보통형 + というより
★단, ナ형용사와 명사의「だ」는 붙이지 않는 경우가 많다.

예문 最近の携帯電話は、電話というよりパソコンに近い。
요즘 휴대전화는 전화라기 보다 컴퓨터에 가깝다.

109 ～といえば

의미 ～라고 하면 ★화제에 오른 내용에서 설명을 첨가하는데 사용한다.

접속 [동사, イ형용사, ナ형용사, 명사]의 보통형 + といえば
★단, 명사의「だ」는 붙이지 않는다.

예문 雪といえば、日本では札幌の雪祭りが有名ですよ。
눈이라고 하면, 일본에서는 삿포로의 눈축제가 유명해요.

110 ～といった

의미 ～라는, ～라고 하는

접속 명사 + といった

예문 駐車場にはベンツやポルシェといった高級車がとまっている。
주차장에는 벤츠와 포르쉐 같은 고급차가 세워져 있다.

111 ～といったら

의미 ～라는 것은, ～라 하면

접속 명사 + といったら

예문 その舞台のすばらしさといったら、今まで見た中で最高でした。
그 무대의 훌륭함이라 하면 지금까지 본 중에서 최고였습니다.

112 ～といっても

의미 ～라고는 해도

접속 [동사, イ형용사, ナ형용사, 명사]의 보통형 + といっても
★단, 명사와 ナ형용사의「だ」는 붙지 않는 경우도 있다.

예문 安いといっても、質が悪ければ何の意味もない。
싸다고 해도 질이 나쁘면 아무런 의미도 없다.

113 ～とおり(に) ～どおり(に)

의미 ～대로, ～한 그대로

접속 [동사 사전형・た형, 명사の] + とおり(に)
명사 + どおり(に)

예문 まずは言われたとおりにやってみてください。
우선은 들은 대로 해보세요.

114 ～とか

의미 ～라던데, ～라고 하던데, ～하고 한다.

접속 [동사, イ형용사, ナ형용사, 명사]의 보통형 + とか

예문 今年の冬は30年ぶりの寒さだったとか。
올해 겨울은 30년 만의 추위라던데.

115 ～どころか

의미 ①～하기는커녕, ～하기는 고사하고 〈정반대〉
②～에서는 물론, ～은 고사하고 〈정도의 대비〉

접속 [동사, イ형용사, ナ형용사, 명사]의 보통형 + どころか
★단, ナ형용사와 명사의 「だ」는 붙이지 않는다. [ナ형용사-な]도 사용된다.

예문 ①薬を飲んだら、具合が良くなるどころか悪くなった。
약을 먹었는데 상태가 좋아지기는커녕 나빠졌다.
②彼女は性格がいいどころか、美人で頭もいい。
그녀는 성격이 좋은 것은 물론 미인에 머리도 좋다.

116 ～ところだった

의미 ～할 뻔 했다

접속 [동사 사전형 · ない형-ない] + ところだっだ

예문 寝坊して約束の時間に遅れるところだった。
늦잠자서 약속시간에 늦을 뻔 했다.

117 ～どころではない

의미 ～할 수 있는 상황(상태)가 아니다

접속 [동사 사전형, 명사] + どころではない

예문 今日は忙しくて食事どころではないんです。
오늘은 바빠서 식사할 여유가 없습니다.

118 ～ところをみると

의미 ～인 것을 보면

접속 [동사, イ형용사, ナ형용사, 명사]의 명사 수식형 + ところをみると

예문 機嫌がいいところをみると、何かいいことでもあったんだね。
기분이 좋은 것을 보면 뭔가 좋은 일이라도 있었구나.

119 ～としたら ～とすれば

의미 ～라고 한다면

접속 [동사, イ형용사, ナ형용사, 명사]의 보통형 + としたら

예문 もし旅行するとしたら、どこに行きたいですか。
만약 여행한다고 하면, 어디에 가고 싶습니까?
問題があるとすれば、生徒ではなくて先生の教え方でしょうね。
문제가 있다고 하면 학생이 아니라 선생님의 교육방식이겠죠.

120 ～として

의미 ～로서

접속 명사 + として

예문 彼は小説を書きながら俳優として活躍している。
그는 소설을 쓰면서 배우로서 활약하고 있다.

121 ~としても

의미 ~라고 하더라도, ~라고 해도

접속 [동사, イ형용사, ナ형용사, 명사]의 보통형 + としても

예문 能力があったとしても、努力する者にはかなわない。
능력이 있다고 해도 노력하는 자에게는 당할 수 없다.

122 ~とすると

의미 ~라고 한다면, ~라고 가정하면

접속 [동사, イ형용사, ナ형용사, 명사]의 보통형 + とすると

예문 一人3個だとすると、10人では30個必要になります。
한 명에 3개라고 하면, 10명이면 30개가 필요합니다.

123 ~とともに

의미 ①~와 함께, ~와 같이 〈상관관계〉
②~와 동시에 〈동시〉
③~와 함께 〈부가〉

접속 ① [동사 사전형, 명사] + とともに
② [동사 사전형 / イ형용사い / ナ형용사である / 명사である] + とともに
③ 명사+ とともに

예문 ①時代の流れとともに人々の考え方も変わってきた。
시대의 흐름과 함께 사람들의 사고방식도 변해왔다.
②佐藤さんが退社するとともに、山田さんが入社した。
사토 씨가 퇴사함과 동시에 야마다 씨가 입사했다
③日本語の勉強とともに、文化についても学びたいと思う。
일본어 공부와 함께 문화에 대해서도 공부하고 싶다.

124 ~となると

의미 ①~하게 되면, ~하게 된다면 〈새로운 사건의 가정 · 확정〉
②~가 되니까, ~가 되면 〈화제〉

접속 ① [동사 사전형 / イ형용사い / ナ형용사(だ) / 명사(だ)] + となると
②명사 + となると

예문 ①アメリカに引っ越すとなると、英語を勉強しなければいけませんね。
미국으로 이사하게 된다면, 영어를 공부하지 않으면 안 되겠군요.
②外食も毎日となると飽きる。외식도 매일 하게 되면 질린다.

125 ~とは

의미 ~라는 것은, ~은(는) 〈정의〉

접속 명사 + とは

예문 自然とは、人間の手の加わっていないものをいう。
자연은 인공이 가해지지 않은 것을 말한다.

126 ～とはいうものの

의미 ～라고 하지만

접속 [동사, イ형용사, ナ형용사, 명사]의 보통형 + とはいうものの

예문 5人乗りとはいうものの、4人でも狭いぐらいだ。
5인승이라고 하지만, 4명도 좁을 정도다.

127 ～とは限らない

의미 ～라고는 할 수 없다

접속 [동사, イ형용사, ナ형용사, 명사]의 보통형 + とは限らない

예문 農薬が入っていないから安心とは限らない。
농약이 들어있지 않다고 해서 안심이라고는 할 수 없다.

128 ～とみえて

의미 ～처럼, ～같이

접속 [동사, イ형용사, ナ형용사, 명사]의 보통형 + とみえて

예문 けんかしたとみえて、二人は朝から目も合わせない。
싸움한 것처럼 둘은 아침부터 눈도 마주치지 않는다.

129 ～な

의미 ～하지 마라, ～금지 〈금지〉

접속 동사 사전형 + な

예문 風邪薬を飲んだら運転するなと医者に言われた。
감기약을 먹었으면 운전하지 말라고 의사가 말했다.

130 ～ない限り

의미 ～가 없는 한, ～가 없으면

접속 [동사ない형 / イ형용사く / ナ형용사で / 명사で] + ない限り

예문 社長の許しが得られない限り、この仕事は進められない。
사장님의 허가를 얻지 못하면 이 일은 진행할 수 없다.

131 ～ないことには

의미 ～하지 않고서는, ～하기 전에는

접속 [동사ない형 / イ형용사く / ナ형용사で / 명사で] + ないことには

예문 みんなの意見を聞いてみないことには、結論は下せないよ。
여러분의 의견을 듣기 전에는 결론은 낼 수 없어요.

132 ～ないことはない

의미 ～하기는 하다, ～이 아닌 것은 아니다

접속 [동사ない형 / イ형용사く / ナ형용사で / 명사で] + ないことはない

예문 土曜日は予定がないことはないけど、断って時間を作ることはできるよ。
토요일은 예정이 없는 것은 아니지만, 거절하고 시간을 만들 수는 있어.

133 ~ないではいられない ~ずにはいられない

의미 ~하지 않을 수 없다, ~않고는 있을 수 없다

접속 [동사ない형] + ないではいられない / ずにはいられない

★단, 「する+ずにはいられない」는 「せずにはいられない」가 된다.

예문 その話(はなし)を聞(き)いて、感動(かんどう)しないではいられなかった。

그 이야기를 듣고 감동하지 않을 수 없었다.

134 ~ないものか

의미 ~하지 못하는 것일까?, ~할 수 없는 것일까?, ~는 없는 것일까?

접속 동사ない형 + ないものか

예문 何(なに)か他(ほか)にいいアイディアはないものかと、図書館(としょかん)に調(しら)べに行(い)った。

뭔가 다른 좋은 아이디어는 없을까 하고 도서관에 조사하러 갔다.

135 ~ないものでもない

의미 전혀 ~못할 것도 없다, ~할 수도 있다

접속 동사ない형 + ないものでもない

예문 夜通(よどお)し作業(さぎょう)すれば、終(お)わらせられないものでもないですよ。

밤새도록 작업하면 끝내지 못할 것도 없어요.

136 ~ないわけにはいかない

의미 ~하지 않을 수 없다, ~해야만 한다

접속 동사ない형 + ないわけにはいかない

예문 事故(じこ)で電車(でんしゃ)が止(と)まってしまったので、取引先(とりひきさき)までタクシーで行(い)かないわけにはいかなかった。

사고로 전철이 멈춰버려서 거래처까지 택시로 가야만 했다.

137 ~ながら(も)

의미 ~이면서(도), ~이지만 〈역접〉

접속 [동사ます형・동사ない형－ない / イ형용사い / ナ형용사 어간 / 명사] + ながら

예문 体(からだ)に悪(わる)いとは知(し)りながら、どうしても禁煙(きんえん)できない。

몸에 나쁜 줄 알면서도 도저히 금연할 수가 없다.

138 ~なくもない

의미 ~하기도 한다, ~하지 않는 것은 아니다

접속 [동사ない형 / イ형용사く / ナ형용사で / 명사で] + なくもない

예문 5人(にん)くらいなら、知(し)り合(あ)いに声(こえ)をかけて集(あつ)められなくもないよ。

다섯 명 정도라면 지인에게 말해서 모으지 못하는 것도 아니다.

139 ~など / ~なんか / ~なんて

의미 ~등 ~따위 ~같은 것

접속 명사 + など

예문 こんなに忙しいときに、遊んでる暇などないよ。
이렇게 바쁠 때에 놀고 있을 여유 따위 없어.
あの人の言うことなんか気にすることないよ。
저 사람 말 따위 신경쓸거 없어.

★「なんか」,「なんて」는 주로 회화체에 사용된다.

140 ~にあたって / ~にあたり

의미 ~에 즈음해서, ~에 맞춰서, ~에 즈음해

접속 [동사 사전형, 명사] + にあたって

예문 新車を選ぶにあたって、まず何を優先すべきだろうか。
새차를 선택함에 있어서 무엇을 가장 우선으로 해야 하는 것일까.

141 ~において / ~においては / ~においても / ~における

의미 ~에서는, ~에 있어서도, ~에 있어

접속 명사 + において

예문 ネットショッピングにおいては、注意しなければいけないことがいくつかあります。
인터넷 쇼핑에 있어서는 주의해야 할 것이 몇 가지 있습니다.

142 ~に応じて

의미 ~에 따라서, ~에 상응해서, ~에 맞게

접속 명사 + に応じて

예문 この会社では、職員の能力に応じて、給料が決められます。
이 회사에서는 직원의 능력에 따라서 급여가 정해집니다.

143 ~に関わらず / ~に関わりなく

의미 ~에 관계없이

접속 동사 사전형・동사ない형－ない + に関わらず
명사

예문 理由のいかんに関わらず、この先は進入禁止です。
이유 여하에 관계없이 이 앞은 진입금지입니다.
彼は相手の気持ちに関わりなく、何でも物事をはっきりと言ってしまう。
그는 상대방의 기분에 상관없이 모든 일을 직설적으로 말해버린다.

144 ~に限って / ~に限り / ~に限る

의미 ~에 한해서, (꼭) ~만은, ~에 한한다

접속 명사 + に限って

예문 この忙しいときに限って、スタッフが二人も風邪でダウンしてしまった。
이 바쁜 때에 스텝이 두 명이나 감기에 걸려서 쓰러져 버렸다.
参加者は大学生に限る。 참가자는 대학생에 한한다.

145 ~に限らず

의미 ~에 한정되지 않고, ~뿐만 아니라

접속 명사 + に限らず

예문 読書が好きで、小説に限らずエッセイや伝記なども読んでいる。
독서를 좋아해서 소설뿐만 아니라 에세이나 전기 등도 읽고 있다.

146 ~に限る

의미 ~하는 것이 제일이다

접속 [동사 사전형・ない형, 명사] + に限る

예문 冬は温泉に限る。 겨울은 온천이 제일이다.

147 ~にかけては

의미 ~에 있어서는, ~만큼은

접속 명사 + にかけては

예문 想像力の豊かさにかけては、彼の右に出るものはいない。
풍부한 상상력에 있어서는 그에게 견줄 만한 자는 없다.

148 ~に代わって

의미 ~을 대신해서

접속 명사 + に代わって

예문 1990年代後半に、ポケベルに代わって携帯電話が普及しはじめた。
1990년대 후반에 호출기를 대신해서 휴대전화가 보급되기 시작했다.

149 ~に関して

의미 ~에 관해서, ~에 대해서

접속 명사 + に関して

예문 先生は日本の古代史に関しての知識が深い。
선생님은 일본 고대사에 관한 지식이 깊다.

150 ~に決まっている

의미 반드시 ~이다, ~로 정해져 있다

접속 [동사, イ형용사, ナ형용사, 명사]의 보통형 + に決まっている
★ナ형용사, 명사는「だ」가 붙지 않는다

예문 毎日怠けているんだから、いい結果など出ないに決まっている。
매일 게으름을 피우고 있으니까 좋은 결과가 나오지 않는 것이 당연하다.

151 ~に比べて

의미 ~에 비해서

접속 명사 + に比べて

예문 昔に比べて、小さな子どもたちに英語を勉強させる親が多くなった。
옛날에 비해서 어린 아이들에게 영어를 공부시키는 부모가 많아졌다.

152 ~に加えて

의미 ~에 더해서, ~외에, ~와 함께

접속 명사 + に加えて

예문 日本は国土が狭いのに加えて資源も少ないので、輸入に頼らなければならない。
일본은 국토가 좁은 데다가 자원도 적어서 수입에 의존하지 않으면 안 된다.

153 ～に越したことはない

의미 ～해서 나쁠 것이 없다, (가능하면) ～하는 것이 좋다

접속 [동사 사전형, イ형용사い / ナ형용사 어간である, 명사である] + に越したことはある

예문 そんなに急ぎではないが、早いに越したことはない。
그렇게 서두르지 않아도 되지만, 빨리해서 나쁠 건 없다.

154 ～にこたえて

의미 ～에 부응하여

접속 명사 + にこたえて

예문 選手たちは、国民の期待にこたえて金メダルを取った。
선수들은 국민의 기대에 부응하여 금메달을 땄다.

155 ～に際して

의미 ～에 즈음하여, ～함에 있어

접속 [동사 사전형, 명사] + に際して

예문 大会の実施に際して、資金集めが一番の問題となった。
대회를 실시함에 있어서 자금을 모으는 것이 가장 문제가 됐다.

156 ～に先立って

의미 ～에 앞서, ～(하)기에 앞서

접속 [동사 사전형, 명사] + に先立って

예문 本商品のご使用に先立って、必ず付属の説明書をご覧ください。
본 상품을 사용하시기에 앞서 반드시 동봉된 설명서를 봐주세요.

157 ～に従って

의미 ～에 따라서

접속 [동사 사전형, 명사] + に従って

예문 暗くなるに従って、気温が下がり、雪が降り始めた。
어두워짐에 따라 점차 기온이 내려가고 눈이 내리기 시작했다.

158 ～にしたところで / ～にしたって

의미 ～라고 해서, ～라 한들

접속 명사 + にしたところで

예문 彼にしたところで、成功するなんて思っていなかったんだよ。
그 사람이라 한들 성공할 줄은 생각지도 못했어.

159 ～にしたら / ～にすれば

의미 ～에게는, ～입장에서는

접속 명사 + にしたら

예문 君にとってはたいした問題ではないかもしれないけど、僕にしたら大きな問題だよ。
너에게 있어서는 별문제가 아닐지 몰라도, 나한테는 큰 문제야.

160 ～にしては

의미 ～치고는, ～로서는

접속 [동사, イ형용사, ナ형용사, 명사]의 보통형 + にしては
★ナ형용사, 명사에는「だ」가 붙지 않는다

예문 多少のミスは目に付くけど、新入りにしてはよくやってるよ。
다소 실수는 보이지만, 신입치고는 잘 하고 있어.

161 ～にしても

의미 ～라고 해도

접속 [동사, イ형용사, ナ형용사, 명사]의 보통형 + にしても

★ナ형용사, 명사는 「だ」가 붙지 않는다. 「ナ형용사, 명사 + である」도 사용하며, 유사표현으로 「～にしろ」, 「～にせよ」 가 있다.

예문 たとえ負けるにしても、最後まで全力で戦おう。
비록 지더라도 끝까지 전력을 다해 싸우자.

遅刻すると連絡があったにしても、こんなに遅いんじゃ待っていられないよ。
지각한다고 연락이 있었다고 해도, 이렇게 늦어서야 더 이상 기다릴 수 없어.

162 ～にしても～にしても ～にしろ～にしろ ～にせよ～にせよ

의미 ～도 그렇고 ～도 그렇고, ～든 ～든

접속 동사 사전형, 명사 + にしても + 동사 사전형, 명사 + にしても

예문 性格にしても外見にしても、彼女は魅力的な女性だ。
성격도 그렇고 외모도 그렇고 그녀는 매력적인 여성이다.

みんなが待っているので、一緒に行くにしろ行かないにしろ、早く決めてくれないと困るよ。
모두가 기다리고 있으니 함께 가든 가지 않든 빨리 정해주지 않으면 곤란해.

音楽にせよ美術にせよ、芸術方面で成功できる人間はほんの一握りにすぎない。
음악이든 미술이든 예술방면으로 성공할 수 있는 사람은 그저 극소수에 지나지 않는다.

163 ～にしろ ～にせよ

의미 (아무리) ～라고 해도, ～다(고) 해도

접속 [동사, イ형용사, ナ형용사, 명사]의 보통형 + にしろ

★ナ형용사, 명사는 「だ」가 붙지 않는다. 「ナ형용사, 명사 + である」도 사용하며, 「～にしても」의 격식차린 표현이다.

예문 たとえ食欲がないにしろ、朝食は抜かない方がいい。
설령 식욕이 없다고 해도 아침식사는 거르지 않는 편이 좋다.

どこにいるにせよ、電話には出られるようにしておいてください。
어디에 있다 하더라도 전화는 받을 수 있도록 해 두세요.

164 ～に過ぎない

의미 ～에 지나지 않는다(불과하다), 조금 ～할 뿐이다.

접속 [동사보통형 / ナ형용사–である / 명사・명사である] + に過ぎない

예문 いくらトップスターといっても、一人の人間にすぎない。
아무리 톱스타라고 해도 한 사람의 인간일 뿐이다.

165 ～に相違ない

의미 ～임이 틀림없다

접속 [동사, イ형용사, ナ형용사, 명사]의 보통형+ に相違ない

★ナ형용사, 명사는 「だ」가 붙지 않는다.

예문 彼の発言は事実に相違ありません。
그의 발언은 사실임이 틀림없습니다.

166 ～に沿って

의미 ～에 따라, ～에 부응해서

접속 명사 + に沿って

예문 説明書に沿って進めていけば、簡単に設定を変えることができます。
설명서에 따라 하면, 간단하게 설정을 바꿀 수 있습니다.

167 ～に対して

의미 ①～에게 〈대상・상대〉
②～와 반대로, ～와 비교해서 〈대비〉

접속 명사 + に対して

예문 ①彼は誰に対しても親切だ。그는 누구에게나 친절하다.
②弟はもう結婚しているのに対して、兄はまだ結婚するつもりすらないようだ。
남동생은 벌써 결혼했는데, 형은 아직 결혼할 생각조차 없는 것 같다.

168 ～に違いない

의미 ～임에 틀림없다

접속 [동사, イ형용사, ナ형용사, 명사]의 보통형 + に違いない
★ナ형용사, 명사는 「だ」가 붙지 않는다.

예문 突然彼女が辞めたことに、みんな驚いたに違いない。
갑자기 그녀가 그만둬서 모두 틀림없이 놀랐을 것이다.

169 ～について

의미 ～에 대해(서), ～에 관해서(내용)

접속 명사 + について

예문 幕末から明治時代について書かれた本を読んでいます。
에도막부 말기부터 메이지 시대에 대해서 쓰인 책을 읽고 있습니다.

170 ～につき

의미 ①～로 인해, ～때문에
②～에 대해(서), ～에 관해서(내용)

접속 명사 + につき

예문 ①今年の年末は多忙につき、まだ年賀状を一通も書いていない。
올 연말은 너무 바빠서 아직 연하장을 한 통도 못 썼다.
②弊社の新製品につき、ご説明いたします。
저희 회사 신제품에 대해서 설명하겠습니다.

171 ～につけ(て)

의미 ～할 때마다

접속 동사 사전형 + につけ(て)

예문 家族の写真を見るにつけ、その時のことが思い出される。
가족의 사진을 볼 때마다 그 때의 일이 생각난다.

172 ～につれて

의미 ～에 따라서

접속 [동사 사전형, 명사] + につれて

예문 転校生の彼女も、時間が経つにつれて、友達も増え、明るく振舞い始めた。
전학생인 그녀도 시간이 흐름에 따라 친구도 늘고 밝게 행동하기 시작했다.

173 ~にとって(は)

의미 ~에게 있어(서)

접속 명사 + にとって(は)

예문 軽い気持ちで言ったことが、彼女にとってはショックだったようだ。
가벼운 마음으로 말한 것이, 그녀에게 있어서는 충격이었던 것 같다.

174 ~に伴って

의미 ~함에 따라서, ~하면서

접속 [동사 사전형, 명사형] + に伴って

예문 株価の暴落に伴って、ボーナスの支給額も下がってしまった。
주가 폭락에 따라 보너스 지급액도 내려가 버렸다.

175 ~に反して

의미 ~와는 반대로, ~에 반해서

접속 명사 + に反して

예문 意に反して会議の議長を任されることになった。
마음과는 반대로 회의의 의장을 맡게 되었다.

176 ~にほかならない

의미 바로~이다, ~인 것이다, ~때문이다

접속 [동사, イ형용사, ナ형용사, 명사]의 보통형 + にほかならない
★ナ형용사, 명사는 「だ」가 붙지 않는다.「ナ형용사, 명사 + である」도 사용한다.

예문 留学できたことも、家族の支えがあったからにほかならない。
유학할 수 있었던 것도 가족의 지지가 있었기 때문이다.

177 ~にもかかわらず

의미 ~임에도 불구하고

접속 [동사, イ형용사, ナ형용사, 명사]의 보통형 + にもかかわらず
★ナ형용사, 명사는 「だ」가 붙지 않는다.「ナ형용사, 명사 + である」도 사용한다.

예문 何度も断られているにもかかわらず、彼はまだ彼女を諦めていない。
몇 번이나 거절당했음에도 불구하고 그는 아직 그녀를 포기하지 않고 있다.

178 ~に基づいて

의미 ~을 기본으로, ~에 준해서, ~을 기준으로

접속 명사 + に基づいて

예문 このダイエット法は、医学的データに基づいて作られている。
이 다이어트법은 의학적 데이터를 바탕으로 만들어졌다.

179 ～によって

의미 ①～때문에, ～에 의해 〈원인・이유〉
②～로, ～로서 〈수단・방법〉
③～에 의해(서) 〈수동의 동작주〉
④～에 따라서 〈대응〉

접속 명사 + によって

예문 ①円高の影響によって、その会社は倒産した。
엔고의 영향으로 그 회사는 도산했다.
②会議では話し合いによって解決されなければならない。
회의에서는 대화로서 해결해야만 한다.
③新大陸はコロンブスによって発見されたというのが通説となっている。
신대륙은 콜롬버스에 의해 발견되었다는 것이 통설로 되어 있다.
④野菜の値段は収穫量によって決まる。
채소가격은 수확량에 따라 정해진다.
社長の気分によっては、この話はなくなってしまう可能性もある。
사장님의 기분에 따라 이 이야기는 없던 걸로 될 가능성도 있다.

180 ～によると

의미 ～에 의하면, ～에 따르면

접속 명사 + によると

예문 天気予報によると、今日の夜から明日の早朝にかけて大雨になるそうだ。
일기예보에 의하면 오늘 밤부터 아침사이에 걸쳐 큰비가 내린다고 한다.

181 ～に渡って

의미 ～에 걸쳐서

접속 명사 + に渡って

예문 特別番組が3日間にわたって放送された。
특집 프로그램이 3일간에 걸쳐 방송됐다.

182 ～抜きで

의미 ～없이, ～을 빼고

접속 명사 + 抜きで

예문 これ以上は待っていられないから、彼抜きで始めることにしよう。
더 이상 기다릴 수 없으니까 그 사람 빼고 시작하기로 하자.

183 ～抜く

의미 끝까지 ～하는

접속 동사ます형 + 抜く

예문 タイムこそ遅かったが、最後まで走り抜いたことに満足している。
시간은 늦었지만 끝까지 완주한 것만으로 만족하고 있다.

184 ~の上で

의미 ~상으로는

접속 명사 + の上で

예문 動物園は子どもの教育の上で非常に大きな役割を果たしている。
동물원은 어린이의 교육상 굉장히 큰 역할을 하고 있다.

185 ~のことだから

의미 ~이기 때문에

접속 명사の + ことだから

예문 あの人のことだから、今日もまた遅刻だろうね。
그 사람이니까 오늘도 또 지각이겠지.

186 ~のみならず

의미 ~뿐만 아니라

접속 [동사, イ형용사, ナ형용사, 명사]의 보통형 + のみならず
★ナ형용사, 명사는 「だ」가 붙지 않는다.「ナ형용사, 명사 + である」도 사용한다.

예문 先生は理系科目のみならず文系科目まで教えることができる。
선생님은 이과 과목뿐만 아니라 문과 과목까지 가르칠 수 있다.

187 ~のもとで

의미 ~아래서, ~밑에서, ~하에서

접속 명사 + のもとで

예문 彼女は子どもの頃、おばあさんのもとで育てられた。
그녀는 어렸을 때 할머니 품에서 길러졌다.

188 ~ばかりか / ~ばかりでなく

의미 ~뿐만 아니라

접속 [동사, イ형용사, ナ형용사, 명사]의 명사 수식형 + ばかりか
★단, 명사는 の가 붙지 않는다.

예문 彼は遅刻ばかりか、無断欠勤までして、上司に注意された。
그는 지각뿐만 아니라 무단결근까지 해서 상사에게 주의 받았다.
部長は怒らなかったばかりでなく、食事までご馳走してくれた。
부장님은 화를 내지 않았을 뿐만 아니라 밥까지 사주셨다.

189 ~ばかりだ

의미 점점 ~할 뿐이다, 더욱 ~하게 된다

접속 동사 사전형 + ばかりだ

예문 お互いに悪口を言い合って、二人の仲は悪くなるばかりだ。
서로 험담을 해서, 둘 사이는 점점 더 나빠질 뿐이다.

190 ~ばかりに

의미 ~한 탓에, ~때문에

접속 [동사, イ형용사, ナ형용사, 명사]의 명사 수식형+ ばかりに
★단, 「명사の」는 「명사-である」가 된다. 「ナ형용사- である」도 사용한다.

예문 油断したばかりに、格下の相手に負けてしまった。
방심한 탓에 아랫사람에게 져버렸다.

191 ~はさておき

의미 ~은 잠시 접어두고, ~은 잠시 덮어두고

접속 명사 + はさておき

예문 誰が無くしたかはさておき、大事な資料が無くなったことが問題だ。
누가 잃어버렸는지는 잠시 덮어두고, 중요한 자료가 없어진 것이 문제다.

192 ~はずだ

의미 당연히 ~할 것이다 〈확신〉

접속 [동사, イ형용사, ナ형용사, 명사]의 명사 수식형 + はずだ

예문 2時間前に出発したんだから、もう着いているはずだ。
두 시간 전에 출발했으니까 이미 도착했을 것이다.

193 ~はというと

의미 ~로 말하자면, ~은

접속 명사 + はというと

예문 アリが働いている間、キリギリスはというと歌を歌って遊んでいた。
개미가 일하고 있는 동안, 여치는 노래를 부르면서 놀고 있었다.

194 ~はともかく(として)

의미 ~은 우선 제쳐두고

접속 명사 + はともかく(として)

예문 理想はともかくとして、まず現実に目を向けなくてはいけない。
이상은 제쳐두고 우선 현실에 눈을 돌려야 한다.

195 ~は別として

의미 ~은 둘째치고, ~은 나중에 생각하고

접속 명사 + は別として

예문 売れる売れないは別として、彼は自分が書きたい小説を書き続けた。
팔리고 안 팔리고는 둘째치고 그는 자신이 쓰고 싶은 소설을 계속 썼다.

196 ~ば~ほど

의미 ~하면 ~할수록

접속
- 동사 가정형 + 동사 사전형
- イ형용사ければ, イ형용사 사전형
- ナ형용사なら/であれば + ナ형용사な
- 명사なら/であれば+명사である

+ ほど

예문 我慢すれば我慢するほどストレスがたまり、胃が痛くなってしまった。
참으면 참을수록 스트레스가 쌓여 위가 안 좋아져 버렸다(아프다).

197	~はもちろん ~はもとより	**의미** ~은 물론, ~은 말할 것도 없고 **접속** 명사 + はもちろん **예문** このロボットは、掃除(そうじ)はもちろん子(こ)どもの遊(あそ)び相手(あいて)までしてくれる。 이 로봇은 청소는 물론 어린이의 놀이상대까지 해 준다. この化粧品(けしょうひん)は、女性(じょせい)はもとより男性(だんせい)にも人気(にんき)がある。 이 화장품은 여성은 물론이고 남성에게도 인기가 있다.
198	~反面(はんめん)	**의미** ~(한) 반면 **접속** [동사, イ형용사, ナ형용사, 명사]의 명사 수식형 + 反面 ★단, 「명사の」는 「명사-である」가 된다. 「ナ형용사- である」도 사용한다. **예문** この商品(しょうひん)は、水(みず)に強(つよ)い反面(はんめん)、熱(ねつ)に弱(よわ)い。 이 상품은 물에 강한 반면, 열에 약하다.
199	~べきだ	**의미** 반드시 ~해야 한다 **접속** 동사 사전형 + べきだ ★「する」는 「すべきだ」라고 하기도 함 **예문** 自分(じぶん)には関係(かんけい)ないからといって、無責任(むせきにん)なことは言(い)うべきではない。 자신과는 관계없다고 해서 무책임한 말을 해서는 안 된다.
200	~(より)ほかない ~ほかしかたがない	**의미** ~할 수 밖에 없다 **접속** 동사 사전형 + ほかない **예문** 終電(しゅうでん)を逃(のが)してしまったので、タクシーで帰(かえ)るほかなかった。 막차를 놓쳐버려서 택시로 집에 돌아올 수 밖에 없었다.
201	~ほど	**의미** ~할수록 〈상관관계〉 **접속** [동사 사전형 / イ형용사い / ナ형용사な / 명사] + ほど **예문** 私(わたし)はコーヒーが大好(だいす)きで、苦(にが)ければ苦(にが)いほど美味(おい)しく感(かん)じます。 저는 커피를 너무 좋아해서 쓰면 쓸수록 맛있다고 느낍니다.
202	~ほど~はない	**의미** ~만큼 ~은 없다 **접속** 동사 사전형, 명사 + ほど~はない **예문** 部長(ぶちょう)ほど会社(かいしゃ)のために命(いのち)をかけている人(ひと)はいない。 부장님만큼 회사를 위해 목숨을 거는 사람은 없다.

번호	문형	내용
203	①～まい・まいか ②～まい	**의미** ①～하지 않을 것이다 〈부정의 추측〉 ～하지 않겠는가, ～지 않을까 ②～하지 않겠다, ～하지 말자 〈부정의 의지〉 **접속** 동사 사전형 + まい ★2, 3그룹 동사는「동사ない형＋まい」,「する」는「すまい」라고 하기도 함. **예문** ①彼はあれだけ反省しているんだ。もう同じミスはするまい。 그는 그토록 반성하고 있다. 이제 같은 실수는 하지 않을 것이다. うれしくて、夢ではあるまいかと思った。 기뻐서 꿈은 아닐까하고 생각했다. ②あまりのまずさに、この店にはもう二度と来るまいと思った。 너무 맛이 없어서 이 가게에는 두 번 다시 오지 않겠다고 생각했다.
204	～までして	**의미** ～해서까지 **접속** 명사, する동사의 명사형 + までして **예문** 彼は休日出勤までして仕事を終わらせた。 그는 휴일까지 출근해서 일을 끝냈다.
205	～向きに	**의미** ～(에) 알맞게, ～(에) 적합하게 **접속** 명사 + 向きに **예문** このマンションは若者向きに造られている。 이 맨션은 젊은 사람에게 적합하게 만들어졌다.
206	～向けに	**의미** ～용으로, ～대상으로 **접속** 명사 + 向けに **예문** この料理は、お年寄り向けに薄口に味付けされている。 이 요리는 노인용으로 싱겁게 맛을 내고 있다.
207	～もかまわず	**의미** ～도 아랑곳하지 않고 **접속** 명사 + もかまわず **예문** 靴が濡れるのもかまわず、水たまりの上を歩いた。 구두가 젖는 것도 아랑곳하지 않고 물웅덩이 위를 걸었다.
208	～もしない	**의미** ～도 하지 않다 **접속** 동사ます형 + もしない **예문** よく知りもしないで、口を出さないでください。 잘 알지도 못하면서, 참견하지 마세요.
209	～もの	**의미** ～는데 뭐, ～는데 어떡해, ～이니까 **접속** [동사, イ형용사, ナ형용사, 명사]의 보통형 + もの ★「です」「ます」에 접속될 경우도 있다. **예문** みんなが私を見てるんだもの。すごく緊張したわ。 모두가 나를 보고 있는데 어떡해. 엄청 긴장했어.

210 ～ものか

의미 ～할까보냐, ～은 무슨, 절대로 ～하지 않는다

접속 [동사, イ형용사, ナ형용사, 명사]의 명사 수식형+ ものか

예문 泣(な)くものかとグッとこらえ、何(なん)とか最後(さいご)まで涙(なみだ)だけは流(なが)さなかった。
절대로 울지 않으려고 꾹 참아서, 겨우 마지막까지 눈물만은 흘리지 않았다.

211 ～ものがある

의미 ～하는 것이 있다. ～하는 점이 있다

접속 [동사, イ형용사, ナ형용사, 명사]의 명사 수식형 + ものがある

예문 この庭園(ていえん)は趣(おもむき)深(ぶか)いものがある。
이 정원은 정취가 깊기도 하다.

212 ～ものだ

의미 ①～했었다 〈회상〉
②～하다니 〈감회〉
③～하는 법이다, ～해야 한다, ～하는 것이 좋다 〈충고, 당연〉

접속 ①동사た형, イ형용사た형 · ナ형용사た형
②[동사, イ형용사, ナ형용사]의 명사 수식형
(①② + ものだ)
③동사 사전형 + ものだ

예문 ①昔(むかし)よく父(ちち)とキャッチボールをしたものだ。
옛날에 자주 아버지와 함께 캐치볼을 하곤 했었다.
②あの時(とき)の赤(あか)ん坊(ぼう)がもう5歳(さい)か。時間(じかん)が経(た)つのは早(はや)いものだな。
그때 아기가 벌써 5살인가, 시간이 이렇게 빨리 흐르다니.
③ぶつかったなら、たとえ知(し)らない人(ひと)にでも謝(あやま)るものだよ。
부딪혔다면 비록 모르는 사람이라도 사과해야 한다.

213 ～ものだから

의미 ～해서, ～때문에, ～인 까닭에

접속 [동사, イ형용사, ナ형용사, 명사]의 명사 수식형 + ものだから
★단, 「명사の」는 「명사な」가 된다.

예문 彼(かれ)が大丈夫(だいじょうぶ)だって言(い)うものだから、すっかり信(しん)じてしまったんです。
그가 괜찮다고 말해서 완전히 믿고 있었습니다.

214 ～ものではない

의미 ～하는 것이 아니다, ～해서는 안 된다

접속 동사 사전형 + ものではない

예문 ポイ捨(す)てなんかするものじゃない。함부로 버려서는 안 된다.

215 ～ものなら

의미 ～할 수만 있다면

접속 동사 가능형 + ものなら

예문 できるものなら、すぐにでも大学(だいがく)を中退(ちゅうたい)して就職(しゅうしょく)したいよ。
만약에 할 수 있다면 지금 당장이라도 대학을 중퇴하고 취직하고 싶어.

216 ～ものの

의미 ～이기는 하지만, ～하기는 했지만

접속 [동사, イ형용사, ナ형용사]의 명사 수식형+ ものの

예문 仕事(しごと)を引(ひ)き受(う)けたものの、こんなに大変(たいへん)だとは思(おも)わなかった。
일을 맡기는 했지만 이렇게 힘들 줄은 생각도 못 했다.

217 ～も～ば、～も

의미 ～도 ～하고 ～도

접속 명사 + も + [동사 가정형 / イ형용사ければ / ナ형용사なら / 명사なら] + 명사 + も

예문 あのレストランの料理(りょうり)は、値段(ねだん)も高(たか)ければ味(あじ)もまずい。
저 레스토랑 요리는 가격도 비싸고 맛도 없다.

218 ～やら～やら

의미 ～하기도 하고 ～하기도 하고, ～와 ～등

접속 [동사 사전형 / イ형용사い / 명사] + やら [동사 사전형 / イ형용사い / 명사] + やら

예문 雨(あめ)やら風(かぜ)やらで散々(さんざん)な遠足(えんそく)となってしまった。
비와 눈 등으로 소풍은 엉망이 되어 버렸다.

219 ～ようがない

의미 ～(하려고 해도) 할 수가 없다

접속 동사ます형 + ようがない

예문 あの新人(しんじん)はやる気(き)がないから、指導(しどう)のしようがない。
저 신입은 의욕이 없어서 지도하려고 해도 할 수가 없다.

220 ～ようか～まいか

의미 ～할까 말까, ～할지 말지

접속 동사 의지형 + か + 동사 사전형 + まいか
★단, 2·3그룹 동사는 [동사ない형 + まいか], 「する」는 「すまいか」라고 하기도 한다.

예문 家(いえ)を出(で)る前(まえ)に、コートを着(き)ようか着(き)まいか迷(まよ)ったが、着(き)て来(き)て正解(せいかい)だった。
집을 나가기 전에 코트를 입을지 말지 망설였는데 입고 오길 잘했다.

221 ～ようではないか

의미 ～하자, ～해야 되지 않겠는가

접속 동사 의지형 + ではないか

예문 さあ、くよくよしないで一緒(いっしょ)にがんばろうではないか。
자, 끙끙 고민하지 말고 함께 힘내자.

222 ～ようとしている

의미 막 ～하려고 하고 있다, 막 ～하려는 참이다

접속 동사 의지형 + としている

예문 授業(じゅぎょう)が始(はじ)まろうとしている時、携帯電話(けいたいでんわ)が鳴(な)った。
수업이 시작되려고 할 때, 휴대전화가 울렸다.

223 ～ように

의미 ～하도록 〈기대〉

접속 동사 사전형, 동사ない형 + ように

예문 風通しがよくなるように、ドアを開けておいた。
통풍이 좋아지도록 문을 열어 두었다.

224 ～ように

의미 ～와 같이 〈동일〉

접속 [동사, 명사]의 명사 수식형 + ように

예문 体を悪くしてからは、昔のように大酒を飲まなくなった。
몸이 나빠지고 나서는 옛날처럼 술을 많이 마시지 않게 되었다.

225 ～ようにして

의미 ～하는 것처럼

접속 동사 사전형 + ようにして

예문 この汚れは、ごしごしこするのではなく、なでるようにして拭き取った方がきれいに落ちます。
이 얼룩은 쓱쓱 비비지 말고, 쓰다듬듯이 해서 닦아내는 편이 깨끗하게 떨어집니다.

226 ～ようものなら

의미 만약에 ～했다가는

접속 동사 의지형 + ものなら

예문 あんな真似をもう一度しようものなら、絶対に許さない。
만약에 그런 짓을 다시 한 번 하면 절대로 용서하지 않겠다

227 ～わけがない

의미 ～할 리가 없다

접속 [동사, イ형용사, ナ형용사, 명사]의 명사 수식형 + わけがない

예문 彼は時間にきちんとしてるから、連絡もなしに遅れるわけがない。
그는 시간에 철저하기 때문에 연락도 없이 늦을 리가 없다.

228 ～わけだ

의미 ～하게 됨도 당연하다, ～할 만도 하다

접속 [동사, イ형용사, ナ형용사, 명사]의 명사 수식형 + わけだ

예문 時差があるから、到着時刻は出発時刻よりも前になってしまうわけです。
시차가 있으니까 도착시각은 출발시각보다도 빨라지게 됩니다.

229 ～わけではない

의미 ～라는 것은 아니다, 꼭 ～인 것만은 아니다

접속 [동사, イ형용사, ナ형용사, 명사]의 명사 수식형 + わけではない

예문 かっこいいからといって、もてるわけではない。
멋있다고 해서 꼭 인기가 있는 것은 아니다.

230 ～わけにはいかない

의미 ～할 수는 없다

접속 동사 사전형 + わけにはいかない

예문 子どもを一人で旅行に行かせるわけにはいかない。
어린이를 혼자서 여행 가게 할 수는 없다.

231 ～わりに(は)

의미 ～에 비해서(는), ～보다(는)

접속 [동사, イ형용사, ナ형용사, 명사]의 명사 수식형 + わりに(は)

예문 彼女は若いわりに考え方が古い。
그녀는 젊은 것에 비해 사고방식이 고지식하다.

232 ～をきっかけに(して)

의미 ～을 계기로 (해서)

접속 명사 + をきっかけに(して)

예문 ボランティア活動をきっかけに、お年寄りの介護に興味を持つようになった。
봉사활동을 계기로 노인 간병에 흥미를 가지게 됐다.

233 ～を契機に(して)

의미 ～을 계기로 (해서)

접속 명사 + を契機に(して)

예문 入院したことを契機に、お酒を全く口にしなくなった。
입원했던 것을 계기로 술을 전혀 입에 대지 않게 됐다.

234 ～を込めて

의미 ～을 담아서

접속 명사 + を込めて

예문 想いを込めて彼女にラブレターを書いた。
사랑하는 마음을 담아서 그녀에게 러브레터를 썼다.

235 ～を中心として

의미 ～을 중심으로, ～을 끼고

접속 명사 + を中心として

예문 この展覧会では絵画を中心として様々な作品を見ることができます。
이 전람회에서는 그림을 중심으로 다양한 작품을 볼 수가 있습니다.

236 ～を通じて

의미 ①～동안, ～내내 〈계속적인 기간〉
②～을 통해서 〈수단・매개〉

접속 명사 + を通じて

예문 ①デパートでは一年を通じて年末が一番忙しい時期だ。
백화점은 일 년 중에 연말이 가장 바쁜 시기다.
②彼女とは大学時代の友人を通じて知り合った。
그녀와는 대학시절 친구를 통해서 알게 됐다.

237 ~を通して

의미 ①~을 통틀어서, ~내내 〈계속적인 기간〉
②~을 통해서, ~에게 〈수단・매개〉

접속 명사 + を通して

예문 ①彼女は入学から卒業までの3年間を通して無遅刻無欠席だった。
그녀는 입학부터 졸업까지 3년 내내 무지각 무결석이었다.
②交流会を通して、日本という国への関心がますます高まりました。
교류회를 통해 일본이라는 나라에 대한 관심이 더욱더 높아졌습니다.

238 ~を~として

의미 ~을 ~로서, ~을 ~로 해서

접속 명사 + を + 명사 + として

예문 この団体は、環境保護を目的として活動しています。
이 단체는 환경보호를 목적으로 활약하고 있습니다.

239 ~を問わず

의미 ~하지 않고, ~을 불문하고

접속 명사 + をとわず

예문 この小説は年齢を問わず、様々な年代の人々に読まれている。
이 소설은 연령을 불문하고 다양한 연령대의 사람들에게 읽히고 있다.

240 ~を抜きにして(は)

의미 ~을 빼고(는), ~을 제쳐두고(는)

접속 명사 + をぬきにして

예문 今日は仕事の話を抜きにして楽しみましょう。
오늘은 일 얘기는 빼고 즐깁시다.

241 ~をはじめ ~をはじめとして

의미 ~을 비롯, ~을 비롯해서

접속 명사 + をはじめ

예문 今回の旅行では、東京をはじめ多くの都市を回ることができました。이번 여행에서는 동경을 비롯, 많은 도시를 둘러볼 수가 있었습니다.
このパーティーには、大統領をはじめとして多くの有名人が出席している。
이 파티에는 대통령을 비롯해서 많은 유명인이 출석하고 있다.

242 ~をめぐって

의미 ~을 둘러싸고, ~에 관해서

접속 명사 + をめぐって

예문 事故原因をめぐって、様々なうわさが立っている。
사고 원인을 둘러싸고 다양한 소문이 일고 있다.

243 ~をもとに(して)

의미 ~을 근거로, ~을 토대로 하여, ~을 가지고

접속 명사 + をもとに(して)

예문 この小説は、作家の実体験をもとに書かれている。
이 소설은 작가의 실제 체험을 토대로 쓰였다.

244	～んじゃない	의미 ～하지 마라, ～하면 안 된다
		접속 동사 사전형 + んじゃない
		예문 他に車がないからってそんなにスピードを出すんじゃない。 다른 자동차가 없다고 해서 그렇게 스피드를 올리지 마라.
245	～んだ	의미 ～해라, ～하거라
		접속 동사 사전형 + んだ
		예문 さあ、早くするんだ。今日の会議に遅刻したら大変なことになる。 자, 빨리해라. 오늘 회의에 지각하면 큰일 난다.
246	～んだった	의미 ～할 걸, ～하면 좋았을 텐데 〈후회〉
		접속 동사 사전형 + んだった
		예문 若いうちからこつこつと貯金しておくんだった。 젊었을 때 차곡차곡 저금해 둘 걸.
247	～んだって	의미 ～래, ～한대
		접속 [동사, イ형용사, ナ형용사, 명사]의 보통형+ んだって ★「단, ナ형용사な, 명사な」가 된다.
		예문 彼、もうすぐアメリカに引っ越すんだって。 그 사람, 곧 미국으로 이사한대.

필수경어

학습포인트

경어는 매회 출제되고 있으며, 문법영역 뿐만 아니라 청해 영역에서도 자주 등장하기 때문에 존경어 · 겸양어 · 정중어를 잘 구분하여 학습해야 한다. 존경어는 상대방을 직접 올려서, 겸양어는 나를 낮추어 경의를 표시한다. 정중어는 정중한 말을 사용하여 상대방에게 경의를 표하는 표현으로「です・ます」가 대표적이다. 단순 암기보다는 많이 읽어보는 것이 경어를 익히는데 효과적이다.

특수 존경어

いらっしゃる	いる(있다) · 行(い)く(가다) · 来(く)る(오다)의 존경어
	社長(しゃちょう)がいらっしゃいました。사장님이 오셨습니다.
おっしゃる	言(い)う(말하다)의 존경어
	先生(せんせい)はこのようにおっしゃいました。선생님은 이렇게 말씀하셨습니다.
なさる	する(하다)의 존경어
	そのようになさっても大丈夫(だいじょうぶ)ですよ。 그렇게 하셔도 괜찮습니다. お風呂(ふろ)になさいますか。それともお食事(しょくじ)になさいますか。 목욕을 하시겠습니까? 아니면 식사를 하시겠습니까?
召(め)す	형태에 따라 의미가 달라진다. (입다, (마음에) 들다, 먹다 등)
	プレゼントは、お気(き)に召(め)すといいんですが。 선물은 마음에 드셨으면 좋겠습니다만. お口(くち)に合(あ)うかどうかわかりませんが、召(め)し上(あ)がってみてください。 입맛에 맞을지 어떨지 모르겠습니다만, 드셔봐 주세요.
くださる	くれる(주다)의 존경어
	先生(せんせい)が記念(きねん)に本(ほん)を下(くだ)さいました。 선생님이 기념으로 책을 주셨습니다.
見(み)える	来(く)る(오다)의 존경어
	お客様(きゃくさま)が見(み)えました。손님이 오셨습니다.
お越(こ)しになる	来(く)る(오다)의 존경어
	会長(かいちょう)がお越(こ)しになりました。회장님께서 오셨습니다.

おいでになる	いる(있다) · 行く(가다) · 来る(오다)의 존경어 山田様がおいでになっています。 야마다 씨가 오셨습니다. ★「おいでくださり(いただき)、ありがとうございます」와 같은 사용법도 OK
ご存じだ	知っている (알다)의 존경어 雰囲気のいいレストランをご存じですか。 분위기 좋은 레스토랑을 아십니까?

일반동사 존경어

お(ご)～になる	おかけになった番号は、現在使われておりません。 지금 거신 번호는 현재 사용되고 있지 않습니다. この電車には、ご乗車になれませんのでご注意ください。 이 전철에는 승차하실 수 없으니 주의해 주십시오. こちらのコート、一度お召しになってみてください。 이 코트, 한번 입어 봐 주세요. ★예외 : 「見る → ご覧になる」「行く · 来る · いる → おいでになる」 「寝る → お休みになる」「着る → お召しになる」
～(ら)れる	山田様は、明日の集まりに来られますか。 야마다 님은 내일 모임에 오십니까? 社長は、いつも電車で通勤されます。 사장님은 늘 전철로 통근하십니다.
～なさる	パーティーに出席なさいますか。 파티에 출석하십니까?
お(ご)～なさる	そんなにご心配なさらなくても大丈夫ですよ。 그렇게 걱정하시지 않아도 괜찮습니다.
お(ご)～だ	先生は、いつも「毎朝新聞」をお読みです。 선생님은 늘 '마이아사 신문'을 읽으십니다.
～てくださる	論文の書き方について、先生が助言してくださった。 논문 쓰는 법에 대해서, 선생님께서 조언을 해주셨다.
お(ご)～くださる	ご連絡くださいまして、ありがとうございます。 연락 주셔서 감사합니다. 本日はお招きくださり、大変感謝しております。 오늘은 초대해 주셔서, 대단히 감사합니다. ご了承くださる(くださいます)よう、お願い申し上げます。 양해해 주시길 부탁드리겠습니다.
お(ご)～ください	なるべく、早いうちにご連絡ください。 되도록, 빨리 연락주세요. 商品が届きましたら、こちらにお振込みください。 상품이 도착하면, 이쪽으로 입금해 주세요.

특수 겸양어

伺う	訪れる(방문하다) · 尋ねる(묻다) · 聞く(듣다)의 겸양어 明日の午前中に伺いたいのですが。내일 오전 중에 찾아 뵙고 싶습니다만.
申し上げる	言う(말하다)의 겸양어 これから、本日の予定を申し上げます。이제부터 오늘의 예정을 말씀드리겠습니다.
存じる	思う(생각하다)의 겸양어 当レストランにて楽しい時間をお過ごしいただければと存じます。 저희 레스토랑에서 즐거운 시간을 보내셨으면 합니다.
存じている(일, 물건) 存じ上げている(사람)	知っている(알다)의 겸양어 その件については、私も存じています(存じております)。 그 건에 대해서는 저도 알고 있습니다. 山田先生なら私も存じ上げています(存じ上げております)。 야마다 선생님이라면 저도 알고 있습니다.
差し上げる	あげる(주다)의 겸양어 こちらの商品をお求めのお客様には、プレゼントを差し上げております。 이 상품을 사신 고객님께는 선물을 드리고 있습니다.
頂く	もらう(받다)의 겸양어 これは、親戚のおばさんからいただいたものです。이것은 외숙모가 주신 것입니다.
お目にかかる	会う(만나다)의 겸양어 山田さんには以前お目にかかったことがありますが、とても素敵な方でしたよ。 야마다 씨는 전에 뵌 적이 있습니다만, 아주 멋진 분이었습니다.
お目にかける ご覧に入れる	見せる(보여주다)의 겸양어 わざわざお目にかけるほどの作品ではございませんが、もしよろしかったらご覧ください。 일부러 보여 드릴 정도의 작품은 아닙니다만, 혹시 괜찮으시다면 보십시오.
拝見する	見る(보다)의 겸양어 佐藤さんのブログ、いつも拝見しています。 사토 씨의 블로그, 항상 보고 있습니다.

拝借する	借りる(빌리다)의 겸양어 こちらの本、少々拝借してもよろしいでしょうか。 이 책, 잠시만 빌려도 되겠습니까?
拝聴する	聞く(듣다)의 겸양어 今回初めて田中先生の講演を拝聴し、大変感動いたしました。 이번에 처음으로 다나카 선생님의 강연을 듣고 많은 감동을 받았습니다.
承る	受ける(받다)・聞く(듣다)・伝え聞く(전해 듣다)・引き受ける(담당하다)의 겸양어 (1)「受ける(받다)의 겸양어」 ご注文を 承 ります。주문 받겠습니다. (2)「聞く(듣다)의 겸양어」 ご意見・ご質問は、お客様相談窓口にて 承 っております。 의견・질문은 고객상담창구에서 받겠습니다. (3)「伝え聞く(전해 듣다)의 겸양어」 鈴木様より本日は開始時間が30分ほど遅れる予定と 承 っております。 스즈키 님한테서 오늘은 개시시간이 30분 정도 늦을 예정이라고 전해 들었습니다. (4)「引き受ける(담당하다)의 겸양어」 この件につきましては、入院中の鈴木に代わって私が 承 っております。 이 건에 관해서는 입원중인 스즈키를 대신해서 제가 담당하고 있습니다.
頂戴する	もらう(받다)의 겸양어 お客様よりたくさんのご意見を頂戴しています。 고객들로부터 많은 의견을 받았습니다.
いたす	する(하다)의 겸양어 失礼いたします。入ってもよろしいでしょうか。 실례합니다. 들어가도 괜찮겠습니까? またこちらからお電話いたします。이쪽에서 다시 전화 드리겠습니다. 何かあった際には、ご相談いたします。무슨 일이 있을 때에는 의논하겠습니다. 申し訳ありませんが、こちらでは、ご案内いたしかねます。 죄송합니다만, 이쪽에서는 안내할 수 없습니다.
承知いたす	分かる의 겸양어 明日までに企画書を提出する件、承知いたしました。 내일까지 기획서를 제출하는 건, 알겠습니다. ★「承知する」에서「する → いたす」로 하면 보다 자신을 낮춘 겸양표현이 된다.

필수경어

かしこまる	分かる의 겸양어 お持ち帰りで、ハンバーガーセットを3つですね。かしこまりました。 포장으로 햄버거 세트 3개네요. 알겠습니다.
参る (て・で) 参る	(~て)来る((~해) 오다), (~て)行く((~해) 가다)의 겸양어 はい、ただ今まいります。 네, 지금 가겠습니다. すぐに準備してまいります。 바로 준비해서 가겠습니다. 今運んでまいりますので、少々お待ちください。 지금 운반해 올테니, 조금만 기다려주세요. 営業部の伊藤ですね。今呼んでまいります。 영업부 이토 말씀이시죠. 지금 불러 오겠습니다.
恐れ入る	황송해 하다, 송구스러워하다 (경어는 아니지만 자체로 겸양의 뜻을 지닌 일반동사) 恐れ入りますが、こちらにご記入いただけますか。 죄송하지만, 이쪽에 기입해 주시겠습니까? ご心配いただき、恐れ入ります。 걱정해 주셔서 몸 둘 바를 모르겠습니다. ★「恐縮です」도 사용 가능

일반동사 겸양어

お(ご)~する	昨日資料をお送りしているはずなのですが。 어제 분명히 자료를 보냈다고 생각하는데요. 明日、先生にお会いしたいのですが。 내일, 선생님을 뵙고 싶습니다만. ご面倒をおかけしますが、よろしくお願いします。 번거롭게 해 드립니다만, 잘 부탁 드립니다. そちらに関しては、すでに部長にご報告しているのですが…。 그쪽에 관해서는 이미 부장님께 보고했습니다만.
お(ご)~申し上げる	ここから先は、私がご案内申し上げます。 이제부터는 제가 안내해 드리겠습니다. では、本日の午後にお届け申し上げます。 그럼, 오늘 오후에 배달해 드리겠습니다.
お(ご)~いただく	少々、お待ちいただけますか。 잠시 기다려주시겠습니까? ご意見をお聞かせいただきたいんですが。 의견을 들려주셨으면 합니다만.
~ていただく	企画書に目を通していただけたでしょうか。 기획서를 훑어봐 주셨나요?

～させていただく	今日は休みさせていただけますか。오늘은 쉬어도 되겠습니까? では、優勝者を発表させていただきます。 그럼, 우승자를 발표하겠습니다. 今日はこれで、失礼させていただきます。 오늘은 이것으로 실례하겠습니다.

정중어

ございます	ある・いる의 정중어
	お手洗いは、あちらにございます。화장실은 저쪽에 있습니다.
～でございます	です의 정중어
	こちらが、かの有名な奈良の大仏でございます。 이쪽이 그 유명한 나라의 대불입니다.
～てよろしいですか ～でしょうか	いいですか・ですか의 정중어
	では、次のミーティングは来週木曜日でよろしいですか。 그럼, 다음 미팅은 다음 주 목요일로 괜찮으십니까?

자주 쓰이는 특별한 존경어 · 겸양어 일람표

<table>
<tr><th>일반동사</th><th>존경어</th><th>겸양어</th></tr>
<tr><td rowspan="2">行く(가다)</td><td>いらっしゃる</td><td rowspan="6">参る</td></tr>
<tr><td>おいでになる</td></tr>
<tr><td rowspan="4">来る(오다)</td><td>いらっしゃる</td></tr>
<tr><td>おいでになる</td></tr>
<tr><td>お見えになる</td></tr>
<tr><td>お越しになる</td></tr>
<tr><td rowspan="2">いる(있다)</td><td>いらっしゃる</td><td rowspan="2">おる</td></tr>
<tr><td>おいでになる</td></tr>
<tr><td>会う(만나다)</td><td>お会いになる</td><td>お目にかかる</td></tr>
<tr><td>食べる(먹다)
飲む(마시다)</td><td>召し上がる</td><td>いただく · 頂戴する</td></tr>
<tr><td>聞く(듣다)</td><td>お聞きになる</td><td>承る · 伺う</td></tr>
<tr><td>訪ねる(방문하다)</td><td>お訪ねになる</td><td>伺う · 上がる</td></tr>
<tr><td>言う(말하다)</td><td>おっしゃる</td><td>申す · 申し上げる</td></tr>
<tr><td>知っている(알다)</td><td>ご存じだ</td><td>存じている · 存じ上げている</td></tr>
<tr><td>思う(생각하다)</td><td></td><td>存じる</td></tr>
<tr><td>借りる(빌리다)</td><td></td><td>拝借する</td></tr>
<tr><td>あげる(나 → 남 주다)</td><td></td><td>差し上げる</td></tr>
<tr><td>くれる(남 → 나 주다)</td><td>くださる</td><td></td></tr>
<tr><td>見る(보다)</td><td>ご覧になる</td><td>拝見する</td></tr>
<tr><td>見せる(보여주다)</td><td></td><td>ご覧に入れる · お目にかける</td></tr>
<tr><td>する(하다)</td><td>なさる</td><td>いたす</td></tr>
</table>

● 밑줄 친 부분을 존경어 또는 겸양어로 올바르게 바꾼 것을 1, 2 중에서 고르세요.

(1) **A** 明日は何時ごろ来ますか。

B 3時ごろになると思います。

1 参ります　　2 おいでになります

(2) **A** 先生、お荷物、私が持ちますよ。

B ありがとう。

1 お持ちします　　2 お持ちになります

(3) **A** この資料(しりょう)、ご確認(かくにん)いただきたいんですが。

B じゃ、ちょっと見ましょう。

1 ご覧(らん)になりましょう　　2 拝見(はいけん)しましょう

(4) **A** たくさん食べてくださいね。

B はい、いただきます。

1 お召(め)しになって　　2 召(め)し上(あ)がって

(5) **A** H大学のキム先生のこと、知っていますか。

B いいえ、全(まった)く。

1 ご存(ぞん)じです　　2 存(ぞん)じ上(あ)げております

(6) **A** よかったら、それ私にもらえませんか。

B ええ、どうぞ。

1 さしあげません　　2 いただけません

(7) **A** 部長(ぶちょう)が会議室(かいぎしつ)に来るようにって言ってましたよ。

B そうですか。ありがとう。

1 おっしゃって　　2 申して

(8) **A** 課長(かちょう)、今どちらにいますか。

B 今、外だよ。あと1時間ぐらいで会社に戻るから。

1 おります　　2 いらっしゃいます

정답 (1) **2** (2) **1** (3) **2** (4) **2** (5) **1** (6) **2** (7) **1** (8) **2**

a, b 중 적당한 것을 고르세요.

(1) 今度のセミナーに持っていく資料(しりょう)ですが、ぜひ先生にご覧(らん)に（a いれたい／b なりたい）と思います。

(2) 申し訳ありませんが、セキュリティのためカバンの中を（a 拝見(はいけん)／b 拝借(はいしゃく)）します。

(3) 体の調子が悪いので、今日は早めに（a 帰って／b 帰らせて）いただきたいんですが。

(4) 13日の午後2時でご予約（a 伺(うかが)いました／b 承(うけたまわ)りました）。

(5) この件については（a 存(ぞん)じている／b ご存(ぞん)じだ）と思いますが、私の方からも説明（a させて／b して）いただきます。

(6) 今晩(こんばん)のパーティーはどなたでも参加できますので、是非(ぜひ)（a いらっしゃって／b まいって）ください。

(7) ここにお名前とご住所を（a ご記入して／b ご記入）ください。

정답　(1) **a**　(2) **a**　(3) **b**　(4) **b**　(5) **b, a**　(6) **a**　(7) **b**

|M|E|M|O|

問題 7 문법형식판단

문제유형 문장의 문법 (12문항)

문장 속에서 괄호 안에 들어갈 알맞은 기능어를 찾는 문제이다.

例

問題7 次の文の（　　　　）にいれるのに最もよいものを、1・2・3・4から一つ選びなさい。

33 ダイエットをしているが、ケーキが食べたくて（　　　　）。

1 ほしい　　　　2 しかたがない

3 はいけない　　4 なりかねない

33	① ● ③ ④

포인트

선택지가 긴 문제는 먼저 선택지를 보게 되면 현혹되기 쉽기 때문에 문제를 주의깊게 두세 번 읽고 (　　)속에 알맞은 말을 자신이 생각한대로 한글로 써 넣자. 그리고 나서 선택지에서 고르는 편이 정답을 찾는데 도움이 된다. 선택지가 긴 문제는 배점도 클 것이므로 신중하게 풀도록 하자.

학습요령

〈問題7〉에서는 괄호 안에 알맞은 기능어를 넣는 문제가 출제되는데, 짧은 기능어만을 골라서 넣는 문제보다 아주 기본적인 기능어와 조사 등이 섞인 비교적 선택지가 긴 문제가 많다. 때문에 기능어 그 자체에 대한 지식보다도 문장 구조에 대한 이해력과 판단력이 중요하다. 기능어를 단어처럼 암기하기 보다는 기능어가 들어있는 좋은 예문을 문장 단위로 외우는 연습이 필요하다.

해석 p.105

問題7 次の文の（　　　）に入れるのに最もよいものを、1・2・3・4から一つ選びなさい。

1 失敗から何かを学ぶ人も(　　　)、何も学ばない人もいる。

1 いたら　　2 いれば　　3 いると　　4 いても

2 売り切れで買えない(　　　)、かえってもっとほしくなってしまうものだ。

1 とみると　　2 とすると　　3 とくると　　4 となると

3 できるかどうか心配していた(　　　)、できた時は本当にうれしかった。

1 はずで　　2 ためで　　3 かぎり　　4 だけに

4 二度とそんなことは(　　　)と決心した。

1 するべきだ　　2 するまい　　3 しかねる　　4 せずにはすまない

5 あきらめない(　　　)いつかきっと成功すると思います。

1 うちに　　2 あいだ　　3 かぎり　　4 ものなら

6 景気(けいき)がよくない(　　　)、賃金(ちんぎん)をカットするのはいかがなものだろうか。

1 として　　2 以上　　3 からには　　4 からといって

7 病院で検査(けんさ)をしてみた(　　　)、特に体に異常(いじょう)はなかった。

1 たびに　　2 あげく　　3 ところ　　4 せいか

8 母親がプロの選手だった(　　　)、彼女もなかなかゴルフがうまい。

1 くせに　　2 とおりに　　3 だけあって　　4 にもかかわらず

9 これからの世界はインターネットをぬき(　　　)語れないほど、インターネットは生活の必需品(ひつじゅひん)になった。

1 にしても　　2 ながら　　3 つつ　　4 にしては

10 やっぱり高級ホテルは入口(　　　)違いますね。

1 ほど　　2 ながらに　　3 からして　　4 ときたら

정답									
1②	2④	3④	4②	5③	6④	7③	8③	9④	10③

 해석 p.105

問題7 次の文の（　　　）に入れるのに最もよいものを、1・2・3・4から一つ選びなさい。

1 この店の家具は、おしゃれな(　　　)値段が安いので評判(ひょうばん)になっている。
1 だけで　　2 わりに　　3 ぐらいで　　4 ほどに

2 彼はまだ若い(　　　)色々な経験をしている。
1 ほどには　　2 ぐらいで　　3 わりには　　4 だけで

3 今月の売り上げは、期待した(　　　)ではなかった。
1 くらい　　2 ばかり　　3 ほど　　4 まま

4 急に出張に行くことになって、飛行機の予約をする(　　　)荷物をまとめる(　　　)で大変だった。
1 とか　　2 やら　　3 たり　　4 にも

5 何でもそうだが、一生懸命練習すれば、(　　　)上手になるものだ。
1 その上　　2 それだけ　　3 その上で　　4 それから

6 能力(のうりょく)(　　　)給料(きゅうりょう)が支払われる。
1 につれて　　2 に関して　　3 にとって　　4 に応じて

7 マイケル・ジャクソンの真似(まね)をすること(　　　)、誰にも負けない自信がある。
1 に際しては　　2 にかけては　　3 はもちろん　　4 を問わず

8 自慢(じまん)する(　　　)のことはあって、彼の妹はなかなかの美人だった。
1 だけ　　2 ほど　　3 わけ　　4 ばかり

9 天才でもない(　　　)、1日でマスターなんてできっこない。
1 うえに　　2 ために　　3 なりに　　4 かぎり

10 彼はこの会社に入ったばかりだが、どんな仕事(　　　)一生懸命だ。
1 によっても　　2 に対しても　　3 にとっても　　4 にわたっても

정답	1②	2③	3③	4②	5②	6④	7②	8①	9④	10②

해석 p.105

問題7 次の文の（　　　）に入れるのに最もよいものを、1・2・3・4から一つ選びなさい。

1 田中さんの奥さんの手料理は、お世辞（せじ）(　　　)おいしかった。
1 かぎりで　2 ばかりで　3 きりで　4 ぬきで

2 台風が近づいてきたために、雨(　　　)風も強くなってきた。
1 ばかりなら　2 ばかりか　3 ばかりで　4 ばかりと

3 一冊の本(　　　)、人生が変わることもある。
1 にしたがって　2 において　3 につれて　4 によって

4 彼は何日も悩んだ(　　　)、彼女に自分の病気のことを話した。
1 ところ　2 おかげで　3 ばかりに　4 あげく

5 このダイヤモンドがにせもの(　　　)考えもしませんでした。
1 だって　2 でも　3 なら　4 とは

6 A「これは何ですか。何かのケースですか。」
B「ええ、この民俗楽器（みんぞくがっき）を入れる(　　　)使うんです。」
1 ので　2 から　3 のに　4 ため

7 多忙（たぼう）な彼は運動不足と睡眠（すいみん）不足になり(　　　)。
1 っぽい　2 がちだ　3 かねる　4 きれない

8 信じ(　　　)、優勝候補（こうほ）のチームが1回戦で負けてしまった。
1 がたいことに　2 づらいことに　3 がたいように　4 づらいように

9 飽（あ）き(　　　)性格だから、何でもあまり長続きしない。
1 がちな　2 っぽい　3 にくい　4 気味の

10 値上（ねあ）がりする前に買っておく(　　　)だったと後悔（こうかい）している。
1 つもり　2 はず　3 ところ　4 べき

정답									
1④	2②	3④	4④	5④	6③	7②	8①	9②	10④

問題7 次の文の（　　）に入れるのに最もよいものを、1・2・3・4から一つ選びなさい。

1 あの子は何でもすぐ覚えるので、教え(　　)がある。
1 かた　2 がい　3 ぶり　4 よう

2 子どもが「本当にやっていない」と言ったら、子どものことを信じるのが親という(　　)。
1 そうだ　2 ようだ　3 ものだ　4 ことだ

3 最近忙しくて、遊びに行く(　　)ではありません。
1 くらい　2 ほど　3 どころ　4 つもり

4 セミナーご予約の受付は、定員(ていいん)に(　　)次第、終了させていただきます。
1 なり　2 なる　3 なれ　4 なろう

5 もう少し詳(くわ)しい内容が(　　)、参加するかどうかは決められない。
1 わからなくても　2 わかりやすくないと
3 わかってからでなくても　4 わかってからでないと

6 お金(　　)どんなものでも買えるというわけではない。
1 でもあれば　2 さえあれば　3 だけあると　4 しかなくても

7 難しい曲だったが、繰(く)り返(かえ)し(　　)上手に演奏(えんそう)できるようになった。
1 練習しさえすれば　2 練習するよりも
3 練習しているうちに　4 練習するならば

8 入院したといっても手術をする(　　)、心配しなくてもよさそうだ。
1 にすぎないようだから　2 にすぎないほどで
3 ほどではないようだから　4 こともできないくらいなので

해석 p.105

9 準備が(　　　)、うまくできてほっとしている。

1 思うようにできなかったかわりに
2 思ったとおりにできたかわりに
3 思うようにできなかったわりには
4 思ったとおりにできたわりには

10 今回の募集(ぼしゅう)には(　　　)の人から応募(おうぼ)があった。

1 数えられるくらい　　2 数えきれないほど
3 数えれば数えるほど　　4 数えすぎないくらい

정답	1②	2③	3③	4①	5④	6②	7③	8③	9③	10②

問題7 次の文の（　　　）に入れるのに最もよいものを、1・2・3・4から一つ選びなさい。

1 解決(かいけつ)する方法は(　　　)、彼はまだ迷っているようだ。
1 いくらだってあるはずなのに
2 どこにだってあるはずなのに
3 いくらだってできるけれど
4 どこにだってできるけれど

2 このプロジェクトを成功させるまでには、どれほど多くの人の助けがあった(　　　)。
1 ものか　2 ことか　3 わけか　4 はずか

3 彼とは一度会ったことがあるというだけで、親しいという(　　　)。
1 だけではない　2 にすぎない
3 どころではない　4 わけではない

4 あの二人は同じ大学の同じ学科で同じ寮(りょう)に住んでいたから、親しくない(　　　)と思いますよ。
1 にすぎない　2 はずがない　3 に決まっている　4 ことになる

5 彼女なら合格する(　　　)から、心配することはありませんよ。
1 最中だ　2 にほかならない
3 にすぎない　4 に決まっている

6 A「ここで仕事をするのに車の免許(めんきょ)はいりますか。」
B「免許(めんきょ)はなくてもかまいませんが、(　　　)。」
1 あるわけがないですよ　2 あるに決まっていますよ
3 あるわけじゃありませんよ　4 あるにこしたことはないですよ

7 原子力(げんしりょく)による発電(はつでん)は、現在のところまだ全体の３割(　　　)。
1 にすぎる　2 にすぎない　3 におよぶ　4 におよばない

해석 p.106

8 昨日30個売れて、今日また50個が売れたから、二日で80個も売れた(　　　)。

1 ことにはならない　　2 ことにほかならない
3 ことにする　　4 ということになる

9 ああそうか、今日はお祭りだから、それで道が込んでいる(　　　)。

1 わけだ　　2 べきだ　　3 ものだ　　4 ことだ

10 田中さんには何(　　　)何(　　　)、大変お世話になりました。

1 から/まで　　2 と/まで　　3 から/も　　4 と/も

정답	1①	2②	3④	4②	5④	6④	7②	8④	9①	10①

확인문제 ⑥

해석 p.106

問題7 次の文の（　　　）に入れるのに最もよいものを、1・2・3・4から一つ選びなさい。

1 山は上に登る(　　　)気温が低くなる。
1 ので　　2 ほど　　3 まで　　4 ぐらい

2 朝寝坊をした(　　　)、飛行機に乗りおくれてしまった。
1 あとに　　2 ところに　　3 あいだに　　4 ために

3 あの夫婦が離婚した(　　　)、私には今でも信じられません。
1 ため　　2 から　　3 なんて　　4 なんか

4 先生の(　　　)、日本語がじょうずになりました。ありがとうございました。
1 おかげで　　2 せいで　　3 ために　　4 からで

5 彼女は希望した(　　　)会社に就職(しゅうしょく)できて喜(よろこ)んでいる。
1 ような　　2 ほどの　　3 とおりの　　4 ままの

6 A「あした友達と温泉(おんせん)に行くんですが、地震(じしん)が起きたらどうしたらいいでしょうか。」
B「そんなことまで心配(しんぱい)する(　　　)。」
1 しかありませんよ　　2 つもりはありませんよ
3 わけがありませんよ　　4 ことはありませんよ

7 散歩に出かけた(　　　)スーパーに寄って買い物をして帰った。
1 うちに　　2 とたんに　　3 ついでに　　4 にしたがって

8 この町内(ちょうない)では、燃(も)えないゴミは火曜日(かようび)の朝(あさ)、出す(　　　)になっている。
1 もの　　2 こと　　3 まで　　4 から

9 おふろに(　　　)最中(さいちゅう)に、電話(でんわ)が鳴(な)った。
1 入る　　2 入って　　3 入った　　4 入っている

10 みんなによく聞こえる(　　　)、大きな 声で話した。
1 ところに　　2 みたいに　　3 かわりに　　4 ように

정답	1②	2④	3③	4①	5③	6④	7③	8②	9④	10④

확인문제 ⑦

해석 p.106

問題7 次の文の（　　）に入れるのに最も良いものを、1・2・3・4から一つ選びなさい。

1 学生A「あした先生に会って相談(そうだん)しようと思うんですが…。」
学生B「先生に(　　)、前もって電話を入れておいた方がいいですよ。」
1 相談するなら　2 相談したら
3 相談すれば　4 相談すると

2 A「お忙しそうですね。」
B「ええ、かたづけてもかたづけても仕事が増(ふ)える(　　)、いやになってしまいますよ。」
1 のみで　2 ばかりで　3 はずで　4 つもりで

3 社員「あしたのパーティー、課長にも来ていただきたいんですが、ご都合(つごう)はいかがですか。」
課長「ええ、いいですよ。(　　)。」
1 行かせます　2 行かせてもらいます
3 行ってもらいます　4 行っていただきます

4 彼女は5年も日本に住んでいた(　　)、日本語があまりうまくない。
1 とすると　2 とともに　3 にしては　4 に比べて

5 時間がなかった(　　)、彼はあわてて部屋を出て行った。
1 といって　2 せいか　3 くせに　4 わりに

6 彼は、試験の前の日にも勉強をする(　　)、お酒を飲んで遊んでいた。
1 だけで　2 ながら　3 たびに　4 どころか

7 暑くならない(　　)、早くエアコンを買っておきましょう。
1 うちに　2 まえに　3 ときに　4 あいだに

8 A「あしたのパーティー、どうしますか。行けますか。」
B「そうですねえ。行けるかどうか、まだどちら(　　)言えませんね。」
1 でも　2 まで　3 とも　4 とか

9 A 「この野菜、どうやって食べるかご存知(ぞんじ)ですか。」

B 「ええ、ふつうは油(あぶら)でいためて食べますが、生(なま)の(　　　)おいしいですよ。」

1 ままでも　　2 とおりでも　　3 ままに　　4 とおりに

10 私は夜型(よるがた)なので、夜遅くまで(　　　)のは平気(へいき)です。

1 起きる　　2 起きている　　3 起きてしまう　　4 起きた

정답	1①	2②	3②	4③	5②	6④	7①	8③	9①	10②

 해석 p.106

問題7 次の文の（　　）に入れるのに最も よいものを、1・2・3・4から一つ選びなさい。

1 もう少しであきらめる(　　　)でしたが、友達がお金を貸してくれたので、この会社を始めることができました。

1 ところ　　2 はず　　3 よう　　4 そう

2 東京は今夜から明日の朝にかけて雪になりますが、ところに(　　　)雨になるでしょう。

1 かけては　　2 ついては　　3 よっては　　4 おいては

3 去年まで学生だった彼女が、今は教師(きょうし)(　　　)学生たちの前に立っている。

1 に対して　　2 にとって　　3 として　　4 としては

4 この問題については、家族で十分に(　　　)決めたいと思います。

1 話し合うと同時に　　2 話し合うとともに
3 話し合った上で　　4 話し合ったきり

5 何でもそうですが、値段(ねだん)が高いからといって、品質(ひんしつ)もいい(　　　)。

1 とも言えます　　2 と言うことができます
3 にちがいありません　　4 とはかぎりません

6 二、三日で退院しますので、わざわざ見舞いに来ていただく(　　　)。

1 にはおよびません　　2 にきまっています
3 にすぎません　　4 ところでした

7 このお菓子を今見せたら、子供たちは(　　　)から、あとで見せましょう。

1 食べたいに決まっている　　2 食べたいようだ
3 食べたがるに決まっている　　4 食べたがるようだ

8 彼女に話すとうわさが(　　　)、だまっていたほうがいいよ。

1 広まりかねるから　　2 広まりかねるより
3 広まりかねないから　　4 広まりかねないより

9 彼がちゃんと(　　　)、私はもう彼と会うつもりはない。

1 あやまったかぎり　　2 あやまったとすると
3 あやまろうとしないかぎり　　4 あやまろうとしないとすると

10 仕事が忙しく、旅行(　　　)食事さえできない。

1 するどころか　　2 したところで
3 してみたところで　　4 するところが

정답	1①	2③	3③	4③	5④	6①	7③	8③	9③	10①

해석 p.107

問題7 次の文の（　　　）に入れるのに最もよいものを、1・2・3・4から一つ選びなさい。

1 経済が発展する(　　　)、様々な社会問題も起きてくる。

1 において　　2 について　　3 にあたって　　4 とともに

2 彼女は恋人から１千万円(　　　)時計をプレゼントされる夢を見た。

1 もする　　2 もなる　　3 にする　　4 になる

3 彼はうちに帰ってきた(　　　)、すぐまた出かけた。

1 末に　　2 次第　　3 きり　　4 かと思うと

4 彼女は最近、子供の受験を心配する(　　　)、夜も寝られないそうだ。

1 わりに　　2 最中に　　3 あまり　　4 際に

5 (テレビのアナウンサーが)

このあとも放送時間を延長して、野球中継を(　　　)。

1 拝見します　　2 ご覧になります

3 お送りします　　4 お送りなさいます

6 日本では６月に一番雨が(　　　)、必ずしもそうではない。

1 多いというと　　2 多いといったら

3 多いかというと　　4 多いというなら

7 A 「中村さん、こんど会計士の試験に合格したそうですよ。」

B 「へえ、それは(　　　)。難しい試験なのに。」

1 大したことですね　　2 大したわけですね

3 大したものですね　　4 大したところですね

8 もう少しスピードを落としてください。これでは、事故(じこ)を(　　　)よ。

1 起こしかねません　　2 起こしがちです

3 起こすようです　　4 起こさずにはいられません

9 忙しいといっても、全然休みが(　　　)。

1　とらないわけにはいかない　　2　とれないわけではない

3　とるわけにはいかない　　4　とれるわけではない

10 勉強もしないで(　　　)、あんな難しい試験に合格なんてできませんよ。

1　遊んでばかりいるようでは　　2　遊んでばかりいるくらいなら

3　遊ぶこともできないようでは　　4　遊ぶこともできないくらいなら

정답	1④	2①	3④	4③	5③	6③	7③	8①	9②	10①

해석 p.107

問題7 次の文の（　　）に入れるのに最もよいものを、1・2・3・4から一つ選びなさい。

1 デパートでいい靴を見つけて、(　　　)迷ったあげく、結局買わずに帰ってきた。

1 買ってからと思って　　2 買ってからどうしようかと
3 買おうかと思って　　4 買おうかどうしようかと

2 明日のパーティーには出たくないので、(　　　)方法はないかと考えた。

1 出ればかまわない　　2 出ればいけない
3 出なくてもかまわない　　4 出なくてもいけない

3 このサルは目が大きく、まるで眼鏡(めがね)をかけたように見える(　　　)、眼鏡ザルと呼ばれている。

1 ものなら　　2 ことなら　　3 ものから　　4 ことから

4 何年も研究を重ねた(　　　)、やっと開発に成功した。

1 すえに　　2 うえに　　3 とたんに　　4 ついでに

5 投票率は前回を上回る(　　　)と予想される。

1 わけ　　2 もの　　3 こと　　4 ほど

6 友達の言葉を信じた(　　　)、ひどい損をしてしまった。

1 ように　　2 せいで　　3 からには　　4 だけあって

7 口ではだいじょうぶと(　　　)、心の中は不安でいっぱいだった。

1 言ったところへ　　2 言ったものの　　3 言ったせいで　　4 言ったとおり

8 （会社の応接室で）

A 「それでは明日こちらでお待ちしていますので…。」
B 「はい。うかがう前に、またお電話(　　　)。」

1 させてよろしいです　　2 していただきます
3 させてもよろしいです　　4 させていただきます

9 (事務所で)

A 「今日はちょっと残業してもらえないかな。」

B 「申し訳ありません。今日は大事な約束がある(　　　)。」

1 わけですから　　2 ものですから

3 はずですから　　4 ところですから

10 そんなこと、今さら後悔したって(　　　)。

1 すみませんよ　　2 いりませんよ

3 はじまりませんよ　　4 おわりませんよ

정답	1④	2③	3④	4①	5②	6②	7②	8④	9②	10③

확인문제 1

1 실패에서 무언가를 배우는 사람도 있는가 하면, 아무것도 배우지 않는 사람도 있다.
2 품절로 사지 못하게 되면 더 갖고 싶어지는 법이다.
3 할 수 있을지 없을지 걱정했던 만큼 성공했을 때는 정말 기뻤다.
4 두 번 다시 그런 일은 하지 않겠다고 결심했다.
5 포기하지 않는 한 언젠가 분명 성공할 거라고 생각합니다.
6 경기가 좋지 않다고 해서 임금을 깎는 것은 무슨 경우인가.
7 병원에서 검사를 해봤더니 특별히 몸에 이상은 없었다.
8 어머니가 프로선수였던 만큼 그녀도 제법 골프를 잘 친다.
9 앞으로의 세계는 인터넷을 빼고는 말할 수 없을 정도로 인터넷은 생활의 필수품이 되었다.
10 역시 고급호텔은 입구부터 다르네요.

확인문제 2

1 이 가게의 가구는 세련된 데 비해 가격이 저렴해서 호평이다.
2 그는 아직 젊은 데 비해 여러 가지 경험을 하고 있다.
3 이번 달의 매상은 기대한 만큼은 아니었다.
4 급히 출장을 가게 되어, 비행기 예약에다 짐 정리로 큰일이다.
5 뭐든 그렇지만 열심히 연습을 하면 그만큼 잘하게 되는 법이다.
6 능력에 따라 급료가 지급된다.
7 마이클 잭슨의 흉내를 내는 데 있어서는 누구에게도 지지 않을 자신이 있다.
8 자랑 할 만큼 그녀의 여동생은 매우 미인이었다.
9 천재도 아닌 한 하루에 마스터할 턱이 없다.
10 그는 이 회사에 들어온 지 얼마 안 됐지만, 어떤 일에 대해서도 열심이다.

확인문제 3

1 다나카 씨의 부인의 손수 만든 요리는 빈말이 아니라 맛있었다.
2 태풍이 가까워졌기 때문에 비뿐만 아니라 바람도 강해졌다.
3 한 권의 책에 의해 인생이 바뀌는 일도 있다.
4 그는 몇 날이고 고민한 끝에 그녀에게 자신의 병에 대해 이야기했다.
5 이 다이아몬드가 가짜라고는 생각지도 못했습니다.
6 A「이것은 무엇입니까. 무슨 케이스입니까?」
B「네 이 민속악기를 넣는데 사용합니다.」
7 바쁜 그는 운동부족과 수면부족이 되기 쉽다.
8 믿기 어렵게도 우승 후보인 팀이 1회전에서 져버렸다.
9 싫증을 잘 내는 성격이라 뭐든 그다지 길게 계속하지 않는다.
10 가격 인상 전에 사 뒀어야 했다고 후회하고 있다.

확인문제 4

1 그 아이는 뭐든 금방 배워서 가르치는 보람이 있다.
2 아이가「정말 하지 않았다」고 말하면 아이를 믿는 것이 부모라는 것이다.
3 최근에 바빠서 놀러 갈 상황이 아닙니다.
4 세미나 예약 접수는 정원이 되는 대로 종료합니다.
5 좀 더 자세한 내용을 다 알지 않고서는 참가할지 말지 결정할 수 없다.
6 돈만 있으면 어떤 것이든 살 수 있는 것은 아니다.
7 어려운 곡이었는데 반복해서 연습하는 동안 잘 연주할 수 있게 되었다.
8 입원한다고 해도 수술할 정도는 아닌 것 같으니까 걱정하지 않아도 괜찮을 것 같다.
9 준비가 생각한 대로 되지 않은 것 치고는 잘 돼서 안심했다.
10 이번 모집에는 셀 수 없을 정도의 사람들로부터 응모가 있었다.

확인문제 5

1 해결할 방법은 분명 얼마든지 있을 텐데, 그는 아직 헤매고 있는 듯하다.
2 이 프로젝트를 성공시키기까지는 얼마나 많은 사람의 도움이 있었는지.
3 그와는 한 번 만난 적이 있을 뿐, 친한 것은 아니다.
4 저 두 사람은 같은 대학의 같은 학과로 같은 기숙사에 살고 있으니까 친하지 않을리가 없다고 생각해요.
5 그녀라면 분명 합격할 테니 걱정할 것 없어요.
6 A「여기서 일을 하는데 자동차 면허가 필요합니까」
B「면허가 없어도 상관없습니다만, 있으면 더 좋겠지요」
7 원자력에 의한 발전은 현재 상황에서 아직 전체의 30%에 지나지 않는다.
8 어제 30개 팔리고, 오늘 또 50개가 팔렸으니까 이틀에 80개나 판 셈이다.
9 아 그런가, 오늘이 축제니까, 그래서 길이 붐비는 것이다.
10 다나카 씨에게는 이것저것 매우 신세를 졌습니다.

확인문제 6

1 산은 위로 올라갈수록 기온이 낮아진다.
2 늦잠을 잤기 때문에 비행기를 놓치고 말았다.
3 저 부부가 이혼했다니 나로서는 지금도 믿을 수 없습니다.
4 선생님 덕분에 일본어가 능숙해졌습니다. 감사했습니다.
5 그녀는 희망했던 대로 회사에 취직할 수 있어서 기뻐하고 있다.
6 A 내일 친구하고 온천에 가는데요, 지진이 일어나면 어떻게 하면 될까요?
B 그런 것까지 걱정할 필요는 없어요.
7 산책 나간 김에 슈퍼에 들러서 장을 보고 돌아왔다.
8 이 동네는 타지 않는 쓰레기는 화요일 아침에 내놓기로 되어 있다.
9 한창 목욕하고 있는 중에 전화벨이 울렸다.
10 모두에게 잘 들리도록 큰 소리로 말했다.

확인문제 7

1 A「내일 선생님을 만나서 상의하려고 하는데요….」
B「선생님과 상의할거면 미리 전화해 두는 게 좋아요
2 A「바쁘신 것 같군요.」
B「네, 끝내도 끝내도 일이 늘기만 해서, 짜증이 나네요.
3 사원「내일 파티, 과장님도 오셨으면 하는데, 시간 괜찮으세요?」
과장「네, 괜찮아요. 가겠습니다.」
4 그녀는 5년이나 일본에 살았던 것 치고는 일본어가 그다지 능숙하지 않다.
5 시간이 없었던 탓인지 그는 허둥대며 방을 나갔다.
6 그는 시험 전날에도 공부를 하기는커녕 술을 마시며 놀고 있었다.
7 더워지기 전에 빨리 에어컨을 사 둡시다.
8 A「내일 파티 어떻게 할거죠? 갈 수 있어요?」
B「글쎄요. 갈 수 있을지 어떨지 아직 어느 쪽이라고도 말할 수가 없네요.」
9 A「이 채소, 어떻게 먹는지 아세요?」
B「네, 보통은 기름으로 볶아서 먹습니다만, 생으로 먹어도 맛있습니다.」
10 저는 밤에 활동하는 타입이기 때문에, 밤 늦게까지 자지 않아도 아무렇지도 않습니다.

확인문제 8

1 자칫하면 포기할 뻔 했습니다만, 친구가 돈을 빌려주었기 때문에 이 회사를 시작할 수 있었습니다.
2 도쿄는 오늘 밤부터 내일 아침에 걸쳐서 눈이 오겠습니다만, 장소에 따라서는 비가 오는 곳이 있겠습니다.
3 작년까지 학생이었던 그녀가 지금은 교사로서 학생들 앞에 서있다.
4 이 문제에 대해서는 가족과 함께 충분히 의논한 후에 정하고 싶습니다.
5 뭐든지 그렇습니다만, 가격이 비싸다고 해서 품질이 좋다고는 할 수 없습니다.

6 2, 3일 있으면 퇴원하니까 일부러 문병오실 것까지는 없습니다.
7 이 과자를 지금 보여주면, 아이들은 틀림없이 먹고 싶어할 테니까, 나중에 보여줍시다.
8 그녀에게 이야기하면 소문이 퍼질 우려가 있으니, 잠자코 있는 것이 좋아.
9 그가 제대로 사과하지 않는 한, 나는 더 이상 그와 만날 생각은 없다.
10 너무 바빠서 여행을 가기는커녕, 식사조차 할 수 없다.

확인문제 9

1 경제가 발전함에 따라 여러 가지 사회문제도 일어나기 시작한다.
2 그녀는 애인으로부터 천만 엔씩이나 하는 시계를 선물 받는 꿈을 꾸었다.
3 그는 집에 돌아오자마자 바로 또 외출했다.
4 그녀는 최근에 아이의 수험을 걱정한 나머지 밤에도 잠을 못 이룬다고 한다.
5 (텔레비전 아나운서가) 이 후에도 방송시간을 연장하여 야구 중계를 보내드리겠습니다.
6 일본에서는 6월에 가장 비가 많은가 하면 꼭 그렇지도 않다.
7 A 나카무라 씨, 이번 회계사 시험에 합격했다고 해요.
B 오호, 그거 대단하군요. 어려운 시험인데.
8 좀 더 속도를 줄여주세요. 이래서는 사고를 낼지도 모릅니다.
9 바쁘다고 해도 전혀 휴식을 취할 수 없는 것은 아니다.
10 공부도 하지 않고 놀기만 하면 그런 어려운 시험에 합격 같은 것은 할 수 없어요.

확인문제 10

1 백화점에서 좋은 구두를 발견해서, 살까 말까 고민한 끝에 결국 사지 않고 돌아왔다.
2 내일 파티에 나가고 싶지 않아서, 안 나가도 되는 방법은 없을까 생각했다.
3 이 원숭이는 눈이 크고, 마치 안경을 쓴 것처럼 보인다고 해서 안경원숭이라고 불려지고 있다.
4 몇 년이나 연구를 거듭한 끝에 간신히 개발에 성공했다.
5 투표율은 지난 번을 웃돌 것으로 예상된다.
6 친구의 말을 믿은 덕분에 큰 손해를 보고 말았다.
7 입으로는 괜찮다고 말했지만, 마음은 불안감으로 가득했다.
8 (회사의 응접실에서)
A 그럼 내일 이쪽에서 기다리고 있겠습니다.
B 네, 찾아 뵙기 전에 또 전화 드리겠습니다.
9 (사무실에서)
A 오늘은 좀 야근을 해줄 수 있을까?
B 죄송합니다, 오늘은 중요한 약속이 있어서요.
10 그런 것 이제 와서 후회해도 소용없어요.

問題 8 문장만들기

문제유형 문장의 문법 (5문항)

선택지 4개의 단어를 올바른 순서로 나열해서 ＿★＿ 에 들어가는 것을 찾는 문제이다.

例

問題8 次の文の ＿★＿ に入るのに最もよいものを、、1・2・3・4から一つ選びなさい。

45 運動もしないで ＿＿＿ ＿＿＿ ＿★＿ ＿＿＿ 太ってしまいますよ。

1 ばかり　2 そんなに　3 いると　4 食べて

45	● ② ③ ④

포인트

정답이 들어가야 할 ★의 위치가 어디인지 혼동하지 않도록 주의하자.
★위치는 대부분 3번째이지만, 가끔 2번째일 때도 있다.

학습요령

〈問題8〉에서는 문제를 먼저 읽는 것이 아니고 4개의 선택지만으로 먼저 하나의 문장을 만들어 보는 것이 좋다. 4개의 선택지로 문맥에 맞게 연결하다 보면 하나가 남을 것이다. 그 하나를 4개의 빈칸 중 맨 앞 또는 맨 뒤에 넣고 나열하면 문맥에 맞는 문장이 되는 경우가 많다.

해석 p.111

問題8 次の文の ＿★＿ に入る最もよいものを、1・2・3・4から一つ選びなさい。

1 あの映画は ＿＿ ＿＿ ＿★＿ ＿＿ 言えません。
1 けれど　2 とも　3 おもしろい　4 たいくつではない

2 試験はやさしいそうだから、中村さん ＿＿ ＿★＿ ＿＿ ＿＿ と思いますよ。
1 ない　2 なら　3 はずは　4 落ちる

3 彼女は、＿＿ ＿＿ ＿★＿ ＿＿ じょうずだ。
1 作文も　2 もちろん　3 会話は　4 日本語の

4 運動もしないで ＿＿ ＿＿ ＿★＿ ＿＿ 太(ふと)ってしまいますよ。
1 ばかり　2 そんなに　3 いると　4 食べて

5 A「みんなで沖縄(おきなわ)へ旅行に行きませんか。」
B「沖縄(おきなわ) ＿＿ ＿★＿ ＿＿ ＿＿ 有名ですよね。」
1 海が　2 ことで　3 といえば　4 きれいな

6 景気(けいき)は、去年より ＿＿ ＿＿ ＿★＿ ＿＿ よくなったとは言えません。
1 ことは　2 ましですが　3 ましな　4 すっかり

7 佐藤さんは、まだゴルフを ＿＿ ＿＿ ＿★＿ ＿＿ ようです。
1 ばかりで　2 たまらない　3 始めた　4 おもしろくて

8 日本人だから ＿＿ ＿★＿ ＿＿ ＿＿ わけではない。
1 教えられる　2 といって　3 という　4 日本語が

9 手術をすることになるだろうと思っていた ＿＿ ＿＿ ＿★＿ ＿＿ ほっと安心した。
1 済んだ　2 けれど　3 ので　4 しなくて

10 A「あのコンサートのチケットは高いでしょうね。」
B「そうですね。でも、＿＿ ＿＿ ＿★＿ ＿＿ しないと思いますよ。」
1 いくら　2 といっても　3 1万円は　4 高い

정답 1 ③ (4-1-3-2) 2 ④ (2-4-3-1) 3 ② (4-3-2-1) 4 ① (2-4-1-3) 5 ① (3-1-4-2) 6 ② (3-1-2-4) 7 ④ (3-1-4-2) 8 ④ (2-4-1-3) 9 ① (2-4-1-3) 10 ② (1-4-2-3)

 해석 p.111

問題8 次の文の ＿★＿ に入る最もよいものを、1・2・3・4から一つ選びなさい。

1 寝坊して ＿＿ ＿＿ ＿★＿ ＿＿ ひどく叱られた。
1 受けられなかった　2 先生に　3 ばかりか　4 試験を

2 料理学校に ＿＿ ＿＿ ＿★＿ ＿＿ 料理はどれもおいしい。
1 佐藤さんの　2 通っている　3 作る　4 だけあって

3 A「この学校は、授業料が高いんですね。」
B「ええ。でも、すごく有名な学校ですから、それくらい ＿＿ ＿＿ ＿★＿ ＿＿ と思いますよ。」
1 ある　2 だけの　3 価値は　4 払う

4 そんな高いお金を払って ＿＿ ＿＿ ＿★＿ ＿＿ ましだと思った。
1 ほうが　2 くらいなら　3 習う　4 習わない

5 普通のサラリーマンの感覚からすれば、プール付きの家に住む ＿＿ ＿＿ ＿★＿ ＿＿ ような話だ。
1 ような　2 という　3 夢の　4 ことは

6 店員ひとりの小さな店 ＿＿ ＿＿ ＿★＿ ＿＿ 準備がなかなか大変だ。
1 始める　2 実際に　3 でも　4 となると

7 何よりも花が好きな彼女は、＿＿ ＿＿ ＿★＿ ＿＿ 何も要らないという。
1 花の　2 ほかには　3 していれば　4 世話さえ

8 週末も出勤している ＿＿ ＿＿ ＿★＿ ＿＿ ではなさそうだから、誘うのはやめましょう。
1 旅行どころ　2 忙しくて　3 ところを　4 見ると

9 どこを探しても見つからない ＿＿ ＿＿ ＿★＿ ＿＿ ないだろう。
1 より　2 ほか　3 なら　4 あきらめる

10 お金がある ＿＿ ＿★＿ ＿＿ ＿＿ 不幸だとも言えない。
1 とは限らないし　2 幸せだ　3 お金がないから　4 からといって

정답 1③ (4-1-3-2) 2① (2-4-1-3) 3③ (4-2-3-1) 4④ (3-2-4-1) 5④ (2-1-4-3) 6① (3-2-1-4) 7③ (1-4-3-2) 8② (3-4-2-1) 9① (3-4-1-2) 10② (4-2-1-3)

확인문제 해석

확인문제 1

1 저 영화는 지루하지는 않지만, 재미있다고도 말할 수 없습니다.
2 시험은 쉽다고 하니까 나카무라 씨라면 떨어질 리는 없다고 생각합니다.
3 그녀는 일본어 회화는 물론 작문도 잘 한다.
4 운동도 하지 않고 그렇게 먹고만 있으면 뚱뚱해져요.
5 A '다 같이 오키나와에 여행 가지 않겠습니까?'
B '오키나와라고 하면 바다가 아름다운 것으로 유명하죠.'
6 경기는 작년보다 나아지기는 했습니다만, 완전히 좋아졌다고는 말할 수 없습니다.
7 사토 씨는 골프를 시작한 지 얼마 안 돼서 정말 재미있는가 봅니다.
8 일본인이라고 해서 일본어를 가르칠 수 있다는 것은 아니다.
9 수술을 하게 될 거라고 생각했지만 하지 않아도 되어 안심했다.
10 A '저 콘서트 티켓은 비싸겠죠.'
B '글쎄요. 하지만 아무리 비싸더라도 만 엔은 하지 않을 거라고 생각합니다.'

확인문제 2

1 늦잠을 자서 시험을 못 쳤을 뿐만 아니라 선생님에게 엄청 혼났다.
2 요리 학교에 다니고 있는 만큼, 사토 씨가 만드는 요리는 다 맛있다.
3 A '이 학교는 수업료가 비싸군요.'
B '네. 하지만, 굉장히 유명한 학교이니까, 그 정도 지불할 만큼의 가치는 있다고 생각합니다.'
4 그런 비싼 돈을 지불하고 배울 정도라면 배우지 않는 편이 낫겠다 라고 생각했다.
5 보통의 샐러리맨의 감각에서 보자면, 풀장이 있는 집에 산다는 것은 꿈 같은 이야기이다.
6 점원 한 명인 작은 가게라도 실제로 시작하게 되면 준비가 상당히 힘들다
7 무엇보다도 꽃을 좋아하는 그녀는 꽃만 돌볼 수 있다면 그 외에는 아무것도 필요없다고 한다.
8 주말에도 출근하고 있는 것을 보면 바빠서 여행 갈 상황이 아닌 것 같으니, 같이 가자는 말은 하지 맙시다.
9 어디를 찾아봐도 찾을 수 없다면 포기할 수밖에 없을 것이다.
10 돈이 있다고 해서 행복하다고도 할 수 없고, 돈이 없다고 해서 불행하다고도 할 수 없다.

問題 9 글의 문법

문제유형 글의 문법 (5문항)

주어진 글을 읽어가면서 글의 내용과 흐름에 맞는 말을 빈 칸에 넣는 문제이다.

例

問題9 次の文章をよんで、文章全体の内容を考えて、50から54の中に入る最もよいものを1・2・3・4から一つ選びなさい。

人の話をもっと上手に聞けるようにしたいと思ったことは、あるだろうか？[50]、あなたは少数派に属する。たいていの人は、もっと上手に話せるようにしたいと思うことはあるにしても、もっと上手に聞けるようにしたいと思うことは、あまりない。そんなことはおもいもよらないというひとだって[51]。

50　1 もしあるとしても　　2 もしあるとしたら
　　3 あってもなくても　　4 もしないとすれば

50	① ● ③ ④

포인트

〈問題9〉에서는 단락과 단락을 잇는 접속사와 긍정이냐 부정이냐 부분부정이냐 등을 묻는 문말표현 문제가 반드시 출제된다. 문맥상 적합한 지시어를 고르는 문제와 문법적인 기능어가 아니더라도 글의 흐름 속에서 중요한 역할을 하는 단어를 고르는 문제도 반드시 출제된다.

학습요령

〈問題9〉는 〈問題8〉과는 달리 선택지를 먼저 봐서는 안 된다. 아무리 급해도 글 전체를 처음부터 차근차근 읽어 가면서 [　　] 를 자신의 말로 메워 가고 그것을 토대로 선택지를 보면 정답이 보일 것이다.

[　　] 안에 들어갈 적당한 말을 찾기 어려울 때는 글의 흐름과 논리의 방향을 기호로만 표시해도 된다. 순접은 →, 역접은 ←, 부연은 〈, 바꾸어 말하기는 ≒, 긍정은 ○, 부정은 × 등과 같은 기호로 메모해 보자.

해석 p.117

問題9 次の文章をよんで、文章全体の内容を考えて、[1]から[5]の中に入る最もよいものを1・2・3・4から一つ選びなさい。

わたしの父

王　暁丹

わたしの父は、太っていて頭もはげています。それに、背も低いし首も短いのでかっこいいとは言えません。母は、いつも父に合うサイズの服を見つけるのが大変だと言っています。でも、父の昔の写真を見ると、今の父とは全然ちがって[1]。父を見たことがある友達は、ちょっと怖い感じがするねと言いますが、実際はとても優しいし、明るくておもしろい人です。[2]、このあいだ父が学生時代はよく映画スターに間違われたと言った時は、飲んでいたコーヒーをこぼしそうになりました。私は父が大好きなので、この話は[3]。

父の職業は会社員で、貿易会社に勤めていますが、会社が遠いので毎朝7時には家を出ます。[4]がわたしはいつもかわいそうになります。でも、父が会社を休んだことはまだ一度もありません。わたしたち家族のために、父は今日もがんばっています。わたしも早く大学を卒業して、社会人になって親孝行(おやこうこう)ができるように[5]。

1 1 背が低いです　2 首が短いです　3 やせています　4 太っています

2 1 ただ　2 実は　3 なぜなら　4 ですから

3 1 聞くことにしました　2 聞いたことにしました
3 聞かないことにしました　4 聞かなかったことにしました

4 1 この父　2 その父　3 そんな父　4 貿易会社の父

5 1 なると思っています　2 なったと思います
3 なりたいと思っています　4 なってほしいと思います

정답　1③　2①　3④　4③　5③

問題9　次の文章をよんで、文章全体の内容を考えて、1 から 5 の中に入る最もよいものを1・2・3・4から一つ選びなさい。

酒は飲んでも飲まれるな

金　尚中

先月のことです。その日は目が覚(さ)めたのが10時で、外はいいお天気でした。彼女とピザを食べる約束を思い出したのですが、それが11時だったか12時だったか覚えていませんでした。彼女に電話しても出ないので、とにかく約束をした「ミラノ」という店に［ 1 ］。日曜日だから、こんでいるだろうなと思って店に入ったら、客はほとんどいませんでした。時計は11時半でしたが、彼女はまだ来ていませんでした。ものすごくおなかが空(す)いていたので、先にピザを注文しました。ピザが来て、食べ始めても彼女は現(あらわ)れません。その時、店の人が誰かに「月曜日は、お客さんが少なくて困ってしまいますよ」と言ったのを聞いてびっくりしました。

［ 2 ］、土曜日は友達とお酒を飲んで、家に帰ったのが朝の５時ごろでした。でも、まさかそれから［ 3 ］とは思いもしませんでした。何度か電話の音が聞こえたのですが、［ 4 ］が日曜日で、電話は彼女だったのです。私は、何度も何度も電話をして謝(あやま)りました。でも、彼女は今も［ 5 ］。みなさんもどうぞ酒は飲んでも、酒に飲まれないように気をつけてください。

1
1　ピザを注文しました　　2　行って来ました
3　電話をすることにしました　　4　行ってみることにしました

2
1　そういえば　　2　そして　　3　それで　　4　けれども

3
1　寝た　　2　寝ないでいた
3　ずっと寝ている　　4　ずっと寝ていた

4
1　あれ　　2　あの約束　　3　そんな日　　4　その話

5
1　会いに行きません　　2　会ってくれません
3　謝(あやま)っていません　　4　謝(あやま)ってくれません

정답　1④　2①　3④　4①　5②

해석 p.117

問題9 次の文章をよんで、文章全体の内容を考えて、[1]から[5]の中に入る最もよいものを1・2・3・4から一つ選びなさい。

小学生の理科のテストで、「雪が溶(と)けたら何になるか」という問いに、「春になる」と答えた子どもがいた、という有名なエピソードがあります。先生が期待していた正解は「水になる」というものでした。この子の答えは、バツをつけられたのです。

このエピソードを思い出すたびに、「いい先生とは、どんな先生のことだろう」と[1]。科学的知識を問う質問であれば、当然の[2]、「雪が溶ければ水になる」を正解にしなければなりません。しかし、「雪が溶ければ春になる」というのも、文学的な真実です。[3]豊かな感性を感じさせます。

と言って、「雪が溶ければ春になる」というのも正解にしていると、きっと授業がなかなか進まないことになるんだろうなあ、とつい先生に[4]。

子どもにとって「いい先生」とは、おそらくこの問題のように、人によって答えが違うものなのだろうと思います。[5]、「いい先生」への正解などはないのかもしれません。ただ、私個人の思いで言えば、子どもの豊かな発想を生かし、思いやりのある子どもを育てられる先生であってほしいと思っています。

（池上彰『子どもの教育の「大疑問」』講談社による）

1
1 考えさせます　2 考えさせられます
3 考えたがります　4 考えるわけにいかなくなります

2
1 ことから　2 ことでも　3 こともなく　4 ことながら

3
1 子どもどうしの　2 おとならしい
3 子どもらしい　4 子どものような

4
1 同情したくもなります　2 同情されたくなります
3 反発したくもなります　4 反発されたくなります

5
1 なぜなら　2 とは言っても　3 というのは　4 そうなると

정답　1②　2④　3③　4①　5④

問題9 次の文章をよんで、文章全体の内容を考えて、[1]から[5]の中に入る最もよいものを1・2・3・4から一つ選びなさい。

あるニュース番組で次のような報道が流れた。

「コーヒーを一日に３杯(ばい)以上飲む人は、飲まない人に比べて、心臓病で死ぬ確率が３倍以上であることが、ある大学の医学部の[1]分かりました。」

このニュースを見た人のほとんどは、「カフェイン(原因) ⇒ 心臓病(結果)」という因果関係を想像した[2]。私たちの頭の中には、「コーヒー ＝ カフェイン」というイメージが出来上がっているからだ。しかし、この調査では、砂糖(さとう)が原因である可能性は、考えなかったのだろうか。コーヒーに砂糖を入れる人は多いから、もしかしたら、カフェインよりも砂糖のほうが、心臓に悪い[3]。糖分(とうぶん)の取りすぎが、太りすぎや、その他の健康障害(しょうがい)を引き起こすことは、今では小さな子供でも知っている。つまり、「カフェイン(注) ⇒ 心臓病」なのか、「砂糖(さとう) ⇒心臓病」なのか、これでは[4]。

では、「カフェイン ⇒ 心臓病」を証明するためには、どうすればいいか。[5]、砂糖の影響(えいきょう)の可能性を消す必要がある。まず、コーヒーを飲む人を、砂糖を入れて飲む人と入れずに飲む人に分けて、それぞれ心臓病の割合を計算し、それから、コーヒーを飲まない人の心臓病の割合と比較するのである。

このように、他の影響の可能性を打ち消した後でなければ、原因を決定することはできないのである。

（注）カフェイン：Kaffein(ドイツ語)　コーヒーやお茶などにふくまれる成分

1　1 手術で　2 会議にあたって　3 調査で　4 入試について

2　1 ことがある　2 ためである　3 わけではない　4 にちがいない

3　1 のかもしれない　2 に決まっている　3 ほどではない　4 どころではない

4　1 決定しているのだ　2 決定してしまったのだ　3 決定できないのだ　4 決定できなかったのだ

5　1 それには　2 それだから　3 それなら　4 それでは

정답　1③　2④　3①　4③　5①

확인문제 1

나의 아버지

제 아버지는 뚱뚱하고 머리도 벗겨졌습니다. 게다가 키도 작고 목도 짧기 때문에 멋있다고는 말할 수 없습니다. 어머니는 항상 아버지에게 맞는 사이즈의 옷을 찾는 게 힘들다고 합니다. 하지만, 아버지의 옛날 사진을 보면 지금의 아버지와는 전혀 다르게 말랐습니다. 아버지를 본 적이 있는 친구는 좀 무서운 느낌이 든다고 하지만, 실제로는 매우 상냥하고 밝고 재미있는 사람입니다. 다만, 일전에 아버지가 학창 시절에는 자주 사람들이 아버지를 영화배우로 착각했다고 말했을 때는 마시고 있던 커피를 쏟을 뻔 했습니다. 저는 아버지를 좋아하기 때문에 이 얘기는 안 들은 걸로 했습니다.

아버지의 직업은 회사원으로 무역 회사에 근무하고 있는데, 회사가 멀기 때문에 매일 아침 7시에는 집을 나섭니다. 그런 아버지가 저는 항상 가여워집니다. 그래도 아버지가 회사를 쉰 적은 아직 한번도 없습니다. 우리 가족을 위해서 아버지는 오늘도 열심히 하고 있습니다. 저도 빨리 대학을 졸업해서 사회인이 되어 효도를 할 수 있게 되고 싶습니다.

확인문제 2

술은 마시더라도 (술에게) 먹히지 말아라

지난 달의 일입니다. 그 날은 잠이 깬 게 10시이며, 밝은 날씨가 좋았습니다. 여자 친구와 피자를 먹을 약속을 떠올렸지만 그게 11시였는지 12시였는지 기억나지 않았습니다. 여자 친구에게 전화해도 받지 않아서 어쨌든 약속했던 '밀라노'라는 가게에 가 보기로 했습니다. 일요일이어서 때문에 붐빌 거라고 생각하고 가게에 들어갔더니 손님은 거의 없었습니다. 시계는 11시 반이었지만, 여자친구는 아직 와 있지 않았습니다. 굉장히 배가 고팠기 때문에 먼저 피자를 주문했습니다. 피자가 오고 먹기 시작해도 여자 친구는 나타나지 않습니다. 그 때 점원이 누군가에게 '월요일은 손님이 적어서 걱정이에요.'라고 말한 것을 듣고 깜짝 놀랐습니다.

그러고 보니 토요일은 친구와 술을 마시고 집에 돌아온 것이 아침 5시쯤이었습니다. 하지만 설마 그 이후로 쭉 자고 있었다고는 생각지도 못했습니다. 몇 번인가 전화벨 소리가 들렸는데, 그 날이 일요일이고 여자친구로부터 걸려온 것이었습니다. 저는 몇 번이나 몇 번이나 전화를 해서 사과했습니다.

하지만 여자친구는 지금도 만나 주지 않습니다. 여러분도 제발 술은 마시더라도 술에게 먹히지 않도록 주의하세요.

확인문제 3

초등학생의 이과 테스트에서 '눈이 녹으면 뭐가 되는가'라는 질문에 '봄이 된다'라고 답한 아이가 있었다는 유명한 에피소드가 있습니다. 선생님이 기대했던 정답은 '물이 된다' 였습니다. 이 아이의 대답은 엑스(오답 마크)가 붙여진 것입니다.

이 에피소드를 생각할 때마다, '좋은 선생님이란 어떤 선생님일까'하고 생각하게 됩니다. 과학적 지식을 묻는 질문이라면 당연히 '눈이 녹으면 물이 된다'를 정답으로 해야만 합니다. 그러나 '눈이 녹으면 봄이 된다'라는 것도 문학적 진실입니다. 아이다운 풍부한 감성을 느끼게 합니다.

그렇다고 해서, '눈이 녹으면 봄이 된다'는 것도 정답으로 하면, 분명 수업이 좀처럼 진행되지 않게 될 거라고 선생님을 동정하고 싶어지기도 합니다.

아이에게 있어서 '좋은 선생님'이란 어쩌면 이 문제처럼, 사람마다 대답이 다를 거라고 생각합니다. 그렇다면, '좋은 선생님'의 정답은 없을지도 모릅니다. 다만, 제 개인의 생각을 말하자면, 아이들의 풍부한 발상을 살려서 배려심 있는 아이를 키울 수 있는 선생님이었으면 하고 생각합니다.

확인문제 4

어느 뉴스 프로그램에서 다음과 같은 보도가 나왔다.

'커피를 하루에 3잔 이상 마시는 사람은 마시지 않는 사람에 비해서 심장병으로 사망할 확률이 3배 이상이라는 것이 어느 대학의 의학부의 조사에서 밝혀졌습니다.'

이 뉴스를 본 사람의 대부분은 '카페인(원인) ⇒ 심장병(결과)' 라는 인과관계를 상상했을 것임에 틀림없다. 우리

들의 머리 속에는 '커피 = 카페인' 이라는 이미지가 완성되어 있기 때문이다. 그러나 이 조사에서는 설탕이 원인일 가능성은 생각할 수 없었던 것일까? 커피에 설탕을 넣는 사람은 많으니까, 어쩌면 카페인보다도 설탕이 심장에 나쁠지도 모른다. 당분의 과다 섭취가 비만과 그 밖의 건강장애를 일으킨다는 것은 이제는 어린 아이도 알고 있다. 즉 '카페인 ⇒ 심장병' 인가, '설탕 ⇒ 심장병' 인가, 이것으로는 결정할 수 없는 것이다.

그렇다면, '카페인 ⇒ 심장병' 을 설명하기 위해서는 어떻게 하면 좋을까?

거기에는 설탕의 영향의 가능성을 지울 필요가 있다. 먼저, 커피를 마시는 사람을 설탕을 넣어 마시는 사람과 넣지 않고 마시는 사람으로 나누어, 각각 심장병의 비율을 계산하고, 그 다음에 커피를 마시지 않는 사람의 심장병 비율과 비교하는 것이다.

이처럼, 다른 영향의 가능성을 완전히 지운 후가 아니면 원인을 결정할 수 없는 것이다.

(주) カフェイン : Kaffein(독일어) 커피와 차 등에 포함되어 있는 성분

| M | E | M | O |

問題7 次の文の（　　　）に入れるのに最もよいものを、1・2・3・4から一つ選びなさい。

33 テーブルの上のお菓子は好きな（　　　）食べてもかまいませんよ。
1 ばかり　2 ほど　3 だけ　4 ぐらい

34 この機械はただ今、調整中（　　　）ご使用になれません。
1 につけ　2 について　3 につれ　4 につき

35 試合で負けたからといって（　　　）そこまで自分を責めることないじゃない。
1 何なら　2 何も　3 何かと　4 何とも

36 先日、お話しした企画書については、ご検討（　　　）でしょうか。
1 いただけました　2 させていただけました
3 していただきました　4 しておりました

37 子供が病気になったら、（　　　）代わってやりたいと思うのが親というものだ。
1 代われるものなら　2 代わろうものなら
3 代われるとしたら　4 代わろうとしたら

38 仕事一筋（ひとすじ）の人生を歩んできた彼の話には、いろいろ（　　　）。
1 考えられるものがある　2 考えられたことがある
3 考えさせられるものがある　4 考えさせられたことがある

39 値段に関係なく質のいいものを買いたいが、安く（　　　）。
1 買えるに越したことはない　2 買えるよりましだ
3 買えるにすぎない　4 買えるにかぎらない

40 国が生活の面倒をみてくれるんだから、税金は高くても（　　　）。
1 払うわけないじゃない　2 払わないわけにはいかない
3 払うわけでもないじゃない　4 払わないというわけだ

정답 및 해설 p.124

41 試合で怪我をしても一生懸命な彼を見ると（　　　　）。

1 応援しうるはずもない　　2 応援すべきものではない
3 応援せずにはいられない　　4 応援するほどではない

42 A「あっ大変だ。」
B「どうしたの？」
A「資料、会社に置いてきちゃったみたい」。
B「じゃ、一度会社に（　　　　）。」

1 戻れるにほかならないね　　2 戻るよりほかないね
3 戻れないにほかならないね　　4 戻らないよりほかないね

43 A「中村君、試験に落ちたんだって。」
B「実力はあるから、今回の結果には運がなかった（　　　　）。

1 とだけ言いようがないですね　　2 としか言いようがないね
3 としかないですね　　4 とばかりいいますね

44 （ホームページで）
「ご予算に合わせて、手作りのケーキをお作りします。
贈り物やお土産として全国発送も（　　　　）お気軽にお電話ください。」

1 差し上げておりますので　　2 いただいておりますので
3 承っておりますので　　4 申し上げておりますので

問題8 次の文の ＿★＿ に入る最もよいものを、1・2・3・4から一つ選びなさい。

問題例 あそこで ＿＿ ＿＿ ＿★＿ ＿＿ は田中さんです。

1 本　　2 読んでいる　　3 を　　4 人

解答の仕方方 1. 正しい文はこうです。

あそこで ＿＿ ＿＿ ＿★＿ ＿＿ は田中さんです。

1 本　3 を　2 読んでいる　4 人

2. ＿★＿ に入る番号を解答用紙にマークします。

解答用紙	(例) ① ● ③ ④

45 悪いことは悪いと教える ＿＿ ＿＿ ＿★＿ ＿＿ ではないでしょうか。

1 教育という　　2 の　　3 もの　　4 が

46 パソコンが得意だ ＿＿ ＿＿ ＿★＿ ＿＿ 頼まれてしまった。

1 言ったばかりに　　2 面倒な仕事を

3 なんて　　4 余計なことを

47 当社では年齢や ＿＿ ＿＿ ＿★＿ ＿＿ ある人を採用することにしている。

1 を問わず　　2 の　　3 やる気　　4 学歴

48 この会場は ＿＿ ＿＿ ＿★＿ ＿＿ ならない。

1 効きすぎて　　2 寒くて　　3 冷房が　　4 いて

49 最新型のパソコンを ＿＿ ＿＿ ＿★＿ ＿＿ 迷っている。

1 買おう　　2 まいか　　3 か　　4 買う

問題9 次の文章を読んで、文章全体の内容を考えて 50 から 54 の中に入る最もよいものを1．2．3．4から一つ選びなさい。

書くことでめざさなくてはいけないのは、主張内容を過不足なく込めることである。主張内容とは、書く人の「新たな気づき」である。

「新たな気づき」 50 、これまでだれも言わなかったことである必要はない。書き手本人にとっても何か新たな気づきがあれば、それを書けばいい。ただそれが 51 では困る。例えば同人誌的な、ある集団の中だけでしか通用しないような、独りよがり(注)な文章というものがある。内輪だけに通用する文章、自己満足的な文章とは、本当の意味で主義主張が 52 。

主義主張がある文章とは、意味がきちんと含まれており、それが他人にクリアにわかるものだ。またそれは外国語にも訳しやすい。 53 、翻訳して伝わるのは、言葉ではなくて意味だからである。たとえば、日本語と英語では、語感や表現の微妙な効果をそのまま翻訳することはほとんど不可能だ。

しかし、そこに込められている 54 、正しく伝えることができる。文章にはなっていても意味の込められていない日本語は外国語に移し替えることはできない。逆にいえば、意味がきちんと込められているかどうかは、翻訳可能かどうかによって判断できる。

（斎藤孝『書く力』大和書房による）

（注）独り（ひと）よがり：自分ひとりだけでよいと思って他人の言うことを顧（かえり）みないこと

50　1　といっても　2　といえば　3　としたら　4　とした

51　1　書き手にだけ理解されないもの　2　だれにも理解されないもの
3　あなたにだけ理解されないもの　4　読み手にも理解できるもの

52　1　ないとしか言う　2　ないとは言えない
3　あるとしか言えない　4　あるとは言えない

53　1　したがって　2　なぜなら　3　そこで　4　しかも

54　1　言葉だけは　2　文章だけは　3　意味だけは　4　翻訳だけは

문법 실전문제 정답 및 해설

문제7 다음 문장의 (　　)에 들어갈 가장 적당한 것을 1・2・3・4에서 하나 고르시오.

33 テーブルの上のお菓子は好きな（　　　）食べてもかまいませんよ。

1 ばかり　2 ほど　3 だけ　4 ぐらい

정답 **3** 테이블 위의 과자는 좋아하는 만큼 먹어도 상관없습니다.

어휘 お菓子 과자 | 構う 상관하다

해설 한정, 한계, 정도를 나타내는 용법을 찾는 문제로, 이제 더는 없다고 하는 '한계까지 ~하다'고 할 때 사용하는 「～だけ」가 정답이다. 관용적으로 「できるだけ(가능한 한)」의 형태도 함께 학습해두자.

34 この機械はただ今、調整中（　　　）ご使用になれません。

1 につけ　2 について　3 につれ　4 につき

정답 **4** 이 기계는 지금 현재, 조정 중이므로 사용하실 수 없습니다.

어휘 機械 기계 | 調整 조정 | 使用 사용

해설 「명사 + につき」는 이유를 설명할 때 사용하며 게시, 알림 등의 통지나 격식을 차린 서간문 등에서 쓰인다. 때문에 경어표현과 함께 쓰이는 경우가 많으며 비슷한 모양의 기능어와 구별해 그 쓰임새를 정확히 학습해 둘 필요가 있다. 그 외 「～につけ(~할 때마다)」, 「～について (~에 대해서)」, 「～につれ(~에 따라서)」이다.

35 試合で負けたからといって（　　　）そこまで自分を責めることないじゃない。

1 何なら　2 何も　3 何かと　4 何とも

정답 **2** 시합에서 졌다고 해서 유달리 그렇게까지 자신을 책망할 것 까지 없잖아.

어휘 試合 시합 | 負ける 지다, 패배하다 | 自分 자기 자신 | 責める 꾸짖다, 책망하다

해설 「何も」는 부정을 수반해 부사적으로 쓰이며 '아무것도, 조금도', '특별히, 유달리'라는 의미이다. 「何も～ない」 '특별히(유달리) ~아니다'의 형태로 많이 쓰이기 때문에 꼭 익혀두자. 「何なら (무엇하면, 형편에 따라서는)」, 「何かと(이것저것, 여러 가지로)」, 「何とも(아무렇지도, 뭐라고도)」이다.

36 先日、お話しした企画書については、ご検討（　　　）でしょうか。

1 いただけました　2 させていただけました

3 していただきました　4 しておりました

정답 **1** 일전에 말씀 드린 기획서에 대해서는 검토해 보셨습니까?

어휘 先日전일, 일전 | 企画書 기획서 | 検討 검토

해설 의뢰에 대한 확인을 묻는 경어문제이다. 「お + 話し + する」는 자신의 행위를 낮춰 말하는 겸양표현으며, 문제에서 검토하는 사람이 상대이기 때문에 「ご検討」 + 「いただけました」 1번이 정답이다. 「～させていただく」는 겸양 표현으로 말하는 사람이 검토를 하겠다는 말이 되므로 정답이 될 수 없다.

37 子供が病気になったら、（　　　）代わってやりたいと思うのが親というものだ。

1 代われるものなら　2 代わろうものなら

3 代われるとしたら　4 代わろうとしたら

정답 **1** 아이가 아프게 되면 대신할 수 있다면 대신 해 주고 싶은 것이 부모라는 것이다.

어휘 病気(びょうき) 병 | 代(か)わる 대신하다, 바뀌다

해설 「～ものなら」는 '만약에 ~라면'의 의미로 실현가능성이 낮은 일에 대해 '만약 실현된 경우에는'하고 가정할 때 쓴다. 주로 동사의 가능형과 접속하며, 같은 동사를 반복하는 경우에는 실제로는 불가능한 일임을 강조한다. 또한 의지형에 붙어 활용하는 「～ようものなら(만약에 ~하면(되면)」과 구별하여 학습해 둘 필요가 있으며, 과장된 조건을 서술하는 용법으로 후행절에는 '엄청난 일이 벌어진다'는 내용이 이어진다.

---

38 仕事一筋(ひとすじ)の人生を歩んできた彼の話には、いろいろ（　　　）。

1 考えられるものがある　　2 考えられたことがある

3 考えさせられるものがある　　4 考えさせられたことがある

정답 **3** 오직 일에만 전념해 인생을 걸어온 그의 이야기에는 여러 가지로 생각하게 되는 점이 있다.

어휘 仕事一筋(しごとひとすじ) 일에만 전념함 | 人生(じんせい) 인생 | 歩(あゆ)む 걷다, 거쳐오다

해설 사역수동의 표현 중에는 어떤 사람의 명령이나, 지시 등을 받아 할 수 없이 그 동작을 한다는 의미 외에도 외부로부터의 자극에 의해, 생각하는 상태가 된다는 의미인 「～させられる」와 어떤 사실에서 느낀 점을 감정을 넣어 말할 때 쓰이며, 「～ものがある」와 함께 활용이 된 문제이다. 이 경우 「～ことがある(~하는 경우가 있다)」와는 구분해 학습하며 사역수동형의 문제는 자주 출제되고 있으므로 꼭 익혀두자.

---

39 値段に関係なく質のいいものを買いたいが、安く（　　　）。

1 買えるに越したことはない　　2 買えるよりましだ

3 買えるにすぎない　　4 買えるにかぎらない

정답 **1** 가격에 관계없이 품질이 좋은 것을 사고 싶지만 가능하면 싸게 사는 것이 좋다.

어휘 値段(ねだん) 가격 | 関係(かんけい) 관계 | 質(しつ) (품)질 | 安(やす)い 싸다

해설 「～に越(こ)したことはない」는 '~해서 나쁠 것이 없다', '~하는 것이 좋다'는 의미로 쓰인다. 그 외에 「～ましだ (더 낫다, 더 좋다)」, 「～にすぎない(~에 지나지 않다, 불과하다)」 등 싸게 살 수 있는 것보다 좋은 것은 없다라는 의미인 1번이 정답이다.

---

40 国が生活の面倒をみてくれるんだから、税金は高くても（　　　）。

1 払うわけないじゃない　　2 払わないわけにはいかない

3 払うわけでもないじゃない　　4 払わないというわけだ

정답 **2** 나라가 생활을 보살펴주고 있으니까, 세금은 비싸도 내지 않을 수 없다.

어휘 面倒(めんどう)をみる 돌봐주다, 보살피다 | 税金(ぜいきん) 세금 | 払(はら)う 지불하다

해설 「～わけ」의 용법은 자주 출제되고 있으므로 확인해 두자. 「～わけにはいかない(~할 수는 없다)」는 사회적, 도덕적, 심리적 등의 이유로~할 수 없다는 의미로 쓰이며, 「～ないわけにはいかない」는 '~하지 않을 수 없다'는 의미이므로 세금은 비싸도 내지 않을 수 없다의 2번이 정답이 된다.

---

41 試合で怪我をしても一生懸命な彼を見ると（　　　）。

1 応援しうるはずもない　　2 応援すべきものではない

3 応援せずにはいられない　　4 応援するほどではない

정답 **3** 시합에서 부상을 입어도 열심하는 그를 보면 응원하지 않을 수 없다.

어휘 試合(しあい) 시합 | 怪我(けが)をする 다치다, 부상을 입다 | 応援(おうえん) 응원

해설 시합에서 다쳐도 열심히 하는 그를 보면 응원하게 된다. 또는 응원하지 않을 수 없다는, 의지로는 어찌하지 못하고 자연스럽게 그렇게 되어버린다는 의미이다. 구어체로는 「~ないではいられない」이며, 「~べきだ(마땅히 해야 한다)」, 「~ほどではない(~할 정도는 아니다)」등도 알아두자.

---

42 A「あっ、大変だ。」

B「どうしたの？」

A「資料、会社に置いてきちゃったみたい。」

B「じゃ、一度会社に（　　　　）。」

1 戻れるにほかならないね　　2 戻るよりほかないね

3 戻れないにほかならないね　　4 戻らないよりほかないね

정답 **2** A「아, 큰일 났다.」

B「왜 그래?」

A「자료, 회사에 놓고 온 것 같아.」

B「그럼, 한 번 회사에 돌아갈 수 밖에 없네.」

어휘 資料(しりょう) 자료 | 置(お)く 두다, 놓다 | 戻(もど)る 되돌아가다, 되돌아오다

해설 회사에 자료를 두고 왔기 때문에 돌아 갈수 밖에 없다, 따로 방법이 없기 때문에 그렇게 한다는 내용이 따라 와야 함으로 「~(より)ほかない(~할 수 밖에 없다)」 2번이 정답이다. 단정의 표현인 「~にほかならない(~인 것이다)」도 학습해두자.

---

43 A「中村君、試験に落ちたんだって。」

B「実力はあるから、今回の結果には運がなかった（　　　　）。」

1 とだけ言いようがないですね　　2 としか言いようがないね

3 としかないですね　　4 とばかりいいますね

정답 **2** A「나카무라 군 시험에 떨어졌대.」

B「실력은 있으니까 이번에는 운이 없었다고 밖에 할 수 없네.」

어휘 試験(しけん) 시험 | 落(お)ちる 떨어지다 | 実力(じつりょく) 실력 | 今回(こんかい) 금회, 이번 | 結果(けっか) 결과 | 運(うん) 운

해설 실력이 있는데도 시험에서 떨어졌기 때문에 다른 이유는 없고, 단지 운이 없었다고 밖에 할 수 없는 「~としか(~밖에)」와 「동사 ます+ようがない(~하려 해도 할 수 없다)」가 합쳐진 2번이 정답이 된다.

---

44 （ホームページで）

「ご予算に合わせて、手作りのケーキをお作りします。

贈り物やお土産として全国発送も（　　　　）お気軽にお電話ください。」

1 差し上げておりますので　　2 いただいておりますので

3 承っておりますので　　4 申し上げておりますので

정답 **3** (홈페이지에서)

「예산에 맞춰 수제 케이크를 만들어 드립니다.

선물이나 기념품으로써 전국발송도 받고 있으므로 부담없이 전화주세요.」

어휘 予算 예산 | 合わせる 합치다,맞게 하다 | 手作り 수제, 손수 만듦 | 贈り物 선물 | お土産 기념품 | 全国 전국 | 発送 발송 | 気軽に 마음 가볍게

해설 경어 표현은 항상 출제되고 있으므로 반드시 학습해 두어야 한다. 나 자신을 낮추는 겸양표현인 인「承る」는 삼가 받다, 듣다, 전하다 등에서 쓰이며 삼가 주문을 받고 있다 의 3번이 정답이다.

문제8 다음 문장의 ＿★＿에 들어갈 가장 적당한 것을 1・2・3・4에서 하나 고르시오.

45 悪いことは悪いと教える＿＿ ＿＿ ＿★＿ ＿＿ではないでしょうか。

1 教育という　　2 の　　3 もの　　4 が

정답 **1** 나쁜 것은 나쁘다고 가르치는 것이 교육이라는 것이지 않습니까?

올바른 문장 悪いことは悪いと教えるのが教育というものではないでしょうか。

어휘 教育 교육

해설 이 문제는「の」와「もの」가 문장의 구조에서 그 역할을 이해하고 있는가를 묻는 문제이다. 나쁜 것은 나쁘다고 가르치는 에서 教える의 동사와「の」를 연결할 수 있고, '상식적으로 생각해 ~이다'라는 평가를 나타내는「～というものだ」를 뒤 문장에 붙어 배열을 하면 2・4・1・3이 된다.

---

46 パソコンが得意だ＿＿ ＿＿ ＿★＿ ＿＿頼まれてしまった。

1 言ったばかりに　　2 歓迎会の案内状作りを

3 なんて　　4 余計なことを

정답 **1** 컴퓨터가 특기라고 쓸데없는 얘기를 해버려서 환영회 안내장 만드는 일을 부탁 받아버렸다.

올바른 문장 パソコンが得意だなんて余計なことを言ったばかりに歓迎会の案内状づくりを頼まれてしまった。

어휘 得意だ 숙달되어 있다, 잘하다 | 歓迎会 환영회 | 案内状作り 안내장 만들기 | 余計だ 쓸데없다

해설 이 문장에서「なんて」의 연결되는 문장과 목적「～を」가 연결되는 문장의 구조 이해를 묻고 있다.「余計なことを～言う」와 마지막「案内状作りを～頼まれる」가 뒷 문장에서 연결되고 있으므로「なんて」를 맨 앞에 두고 나열 하면 간단하다.「～ばかりに(~탓으로)」도 함께 알아두자. 정답은 3・4・1・2이다.

47 当社では年齢や＿＿ ＿＿ ＿★＿ ＿＿ある人を採用することにしている。

1 を問わず　　2 の　　3 やる気　　4 学歴

정답 **3** 당사에서는 연령이나 학력을 불문하고 의욕 있는 사람을 채용하도록 하고 있다.

올바른 문장 当社では年齢や学歴を問わずやる気のある人を採用することにしている。

어휘 当社 당사, 이 회사 | 年齢 연령 | 採用 채용 | 学歴 학력

해설 앞의「명사 + を問わず(~을 불문하고)」와 연결되는 연령이나 학력을 묻지 않는다는 것을 나열하면 나머지는 의욕있는 사람이 되므로 정답은 3번이며 4・1・3・2로 나열된다.

48 この会場は ＿＿ ＿＿ ★ ＿＿ ならない。

1 効きすぎて　2 寒くて　3 冷房が　4 いて

정답 4 이 회장은 냉방이 너무 잘되어 있어 추워서 견딜 수가 없다.

올바른 문장 この会場は冷房が効きすぎていて寒くてならない。

어휘 会場(かいじょう) 회장 | 効く(きく) 효력이 있다, 듣다 | 冷房(れいぼう) 냉방

해설 이 문제는 「～て」형의 활용에 주의해 문장을 연결하는 데 있어 먼저 「冷房が～効きすぎて」, 「寒くてならない」가 연결되며, 나머지 「～いて」는 「効きすぎていて」로 상태를 나타낸다는 것을 알 수 있으므로 정답은 4번이며 나열은 3・1・4・2가 된다. 「～てならない(~해서 견딜 수가 없다)」도 함께 학습 해 두자.

---

49 最新型のパソコンを ＿＿ ＿＿ ★ ＿＿ 迷っている。

1 買おう　2 まいか　3 か　4 買う

정답 4 최신형의 컴퓨터를 살지 말아야 할지 망설이고 있다.

올바른 문장 最新型のパソコンを買おうか買うまいか迷っている。

어휘 最新型(さいしんがた) 최신형 | 迷う(まよう) 망설이다, 헤매다

해설 「パソコンを」에 이어지는 동사는 「買う」, 「買おう」를 생각할 수 있고, '~지 말아야 할지'의 기능어 「동사 의지형(よ)うか~동사 원형まいか」에 대입하여 나열해 보면 1・3・4・2로 정답은 4번이 된다.

문제9 다음 문장을 읽고, 문장 전체의 내용을 생각해서 50 ~ 54 안에 들어갈 알맞은 것을 1・2・3・4에서 하나 고르시오.

해석 글쓰기에서 목표로 하지 않으면 안 되는 것은 주장내용을 과부족 없이 채우는 것이다.

주장내용이란, 쓰는 사람의 '새로운 발견'이다.

'새로운 발견' 50 지금까지 누구도 말하지 않았던 것일 필요는 없다.

쓰는 사람 본인에게 있어서도 뭔가 새로운 발견이 있으면 그것을 쓰면 된다. 단 그것이 51 이면 곤란하다. 예를 들면 동인지(뜻을 같이하는) 같은 어떤 집단 안에서밖에 통용하지 않을 법한 독선적인 문장이라는 게 있다. 내부(집안)사람에게만 통용되는 문장, 자기만족적인 문장이란, 진정한 의미로 주의주장이 52 .

주의주장이 있는 문장이란, 의미가 정확히 포함되어 있고, 그것을 타인이 바로 알 수 있는 것이다. 또한 그것은 외국어로도 번역하기 쉽다.

53 번역해서 전해지는 것은 말이 아니라 의미이기 때문이다. 예를 들면 일본어와 영어에서는 어감이나, 표현의 미묘한 효과를 그대로 번역하는 것은 거의 불가능하다.

그러나, 거기에 담겨져 있는 54 정확하게 전달할 수 있다.

문장으로 되어 있어도 의미가 담겨져 있지 않는 일본어는 외국어로 옮겨 바꿀 수 없다.

반대로 말하면, 의미가 정확히 담겨져 있는가 어떤가는, 번역 가능한지 어떤지에 의해 판단할 수 있다.

(사이토 타카시 『쓰는 힘』 다이와 쇼보)

(주) 独り(ひと)よがり : 자기 혼자서만 좋다고 생각해 타인이 말하는 것을 돌아보지않는 것

어휘 主張内容(しゅちょうないよう) 주장내용 | 過不足(かふそく) 과부족 | 込める(こ) 담다,채우다 | 新たな気づき(あらたなきづき) 새로운 깨달음 | 書き手(かきて) 쓰는 사람,필자 | 困る(こまる)곤란하다 | 集団(しゅうだん)집단 | 通用(つうよう) 통용 | 独りよがり(ひと) 독선적 | 文章(ぶんしょう) 문장 | 内輪(うちわ) 내부(집

안)사람 | 自己満足(じこまんぞく) 자기만족 | 主義主張(しゅぎしゅちょう) 주의주장 | クリア클리어, 뚜렷함 | 翻訳(ほんやく)する 번역하다 | 伝(つた)わる전해지다 | 言葉(ことば) 말, 언어 | 語感(ごかん) 어감 | 表現(ひょうげん) 표현 | 微妙(びみょう) 미묘함 | 効果(こうか) 효과 | 不可能(ふかのう) 불가능 | 移(うつ)し替(か)える 옮겨 바꾸다 | 逆(ぎゃく)に반대로, 거꾸로 | きちんと 정확히, 규칙 바르게 | 判断(はんだん) 판단

50 1 といっても 2 といえば 3 としたら 4 とした

정답 1

해설 '새로운 발견' 뒤에 '아무도 말하지 않았던 것일 필요는 없다'가 이어지고 있기 때문에 '~라고는 해도 ~할 필요는 없다' 즉, 「といっても(라고는 해도)」가 적당하다.
「といえば(~라고 하면)」, 「としたら(~라고 한다면)」, 「とした(~로 한)」 등도 함께 알아두자.

51 1 書き手にだけ理解されないもの 2 だれにも理解されないもの
3 あなたにだけ理解されないもの 4 読み手にも理解されるもの

정답 2

해설 글을 쓰는 사람에 있어 새로운 발견이 있으면 그것을 쓰면 된다고 하지만, 단 조건이 붙는다. 집단 속에서밖에 통용되지 않는 문장은 진정한 주의주장이 있다고 말할 수 없다. 즉 누구에게나 이해 받을 수 없는 것은 곤란하다는 의미이므로 정답은 2번이 된다.

52 1 ないとしか言う 2 ないとは言えない
3 あるとしか言えない 4 あるとは言えない

정답 4

해설 집단 속에서밖에 통용되지 않는 독선적인 문장은, 내부사람에게만 통용되는 자기만족적인 문장으로 진정한 의미로 주의주장이 없는 것이기 때문에 4번 「あるとは言えない(있다고는 할 수 없다)」가 정답이 된다.

53 1 したがって 2 なぜなら 3 そこで 4 しかも

정답 2

해설 '주의주장이 있는 문장이란, 의미가 제대로 포함되어 그것을 타인이 뚜렷하게 이해 할 수 있는 문장이며 그것은 외국어로도 번역하기 쉽다'는 내용에 대해 번역해서 전달되는 것은 말이 아니라 의미이다. 「~だからである」라고 자세히 (부연) 설명하고 있기 때문에 「なぜなら(왜냐하면)」가 정답이다. 「したがって(따라서)」「そこで(그래서)」는 원인, 이유를 나타내며,「しかも (더욱이)」는 첨가를 나타낸다.

54 1 言葉だけは 2 文章だけは 3 意味だけは 4 翻訳だけは

정답 3

해설 앞 문장에서 '번역해서 전달되는 것은 말이 아니라 의미이기 때문이며 일본어와 영어의 어감, 표현 등 미묘한 효과는 그대로 번역하는 것이 거의 불가능 하나 거기에 담겨있는 의미만은 정확하게 전달할 수 있다'는 내용이므로 3번이 정답이다.

JLPT

N2

실전모의테스트

1회

문법

問題7　次の文の（　　　）に入れるのに最もよいものを、1・2・3・4 から一つ選びなさい。

33　軽い運動は、体（　　　）、心（　　　）良い。

1　とも　　2　でも　　3　にも　　4　も

34　A「彼女、君にプロポーズされたって喜んでいたよ。」
B「そりゃ言いましたけど、僕がしたと言うより、彼女に（　　　）んですよ。」

1　言わせた　　2　言われた　　3　言えた　　4　言わされた

35　みそ汁を作ってご飯を炊く（　　　）、私だってできる。

1　ほどのことなら　　2　くらいのことなら
3　ほどのものだったら　　4　くらいのものだったら

36　人の倍努力をしてきた（　　　）、本社への栄転が決まった。

1　うえで　　2　かぎりで　　3　てまえ　　4　かいあって

37　レポートを（　　　）、本当にあんな内容で良かったのだろうか。

1　出すことは出したが　　2　出したら出したで
3　出すには出しても　　4　出したら出したっきり

38　新しいシステムが複雑で、社員たちからは不満の声が出ている。
（　　　）、これに慣れてしまえば、仕事の効率は断然良くなるようだ。

1　すなわち　　2　もっとも　　3　したがって　　4　なおさら

39 人間関係というのはギブアンドテイクだ。(　　　)ばかりではなく、(　　　)ことも必要だ。

1　させてもらう・してくれる　　2　してあげる・してくれる
3　してもらう・してあげる　　4　させてあげる・してもらう

40 彼女はテストで毎回1位をとるが、実は、それは彼女自身の力(　　　)。

1　というものではない　　2　でもさしつかえない
3　どころではない　　4　によるものではない

41 公衆の面前であんなことを言われるなんて、大層恥ずかしかった(　　　)。

1　にちがいない　　2　にほかならない
3　わけにはいかない　　4　どころではない

42 A「ほら、切符がないと出られないよ。どこにしまったの。」
B「だって…。あ、(　　　)。よかった。」

1　あるから　　2　あったよ　　3　あるって　　4　あるよね

43 近頃の若者を見ていると、「何事も人任せにするのではなく、自分で考えて行動(　　　)。」と思わずにはいられない。

1　すべきではないだろうか　　2　すべきではないだろう
3　したら良かっただろうに　　4　したら良かっただろうか

44 A「一人で仕事を抱えていないで、小林さんにも手伝ってもらったら。」
B「いいです。彼女のことですから、(　　)。」

1　手伝うっぽいですよ　　2　手伝いっこないですよ
3　手伝わないとかですよ　　4　手伝っちゃいますよ

問題8　次の文の　★　に入る最もよいものを、1・2・3・4 から一つ選びなさい。

（問題例）

きのう ＿＿＿ ＿＿＿ ＿★＿ ＿＿＿ はとてもおいしかった。

1　母　　2　買ってきた　　3　が　　4　ケーキ

（解答のしかた）

1．正しい文はこうです。

きのう ＿＿＿ ＿＿＿ ＿★＿ ＿＿＿ はとてもおいしかった。 1　母　3　が　2　買ってきた　4　ケーキ

2．＿★＿に入る番号を解答用紙にマークします。

（解答用紙）

（例）	① ● ③ ④

45　A「お肉を醤油に漬けておいてから、卵や粉を付けるんじゃないんですね。」

B「ええ。最初から ＿＿＿ ＿＿＿ ＿★＿ ＿＿＿、おいしくできるんですよ。」

1　すべて一緒に　　2　粉も卵も

3　ことで　　4　漬け込む

46　両国の間では、＿＿＿ ＿★＿ ＿＿＿ ＿＿＿ 最悪の事態は避けられた。

1　によって　　2　が続いていたが

3　市民団体の働きかけ　　4　緊張した状況

47 あの映画は、俳優が良かった ＿＿＿ ＿＿＿ ＿＿＿ ＿★＿ の素晴らしい出来だった。

1　を抜きにしても　　2　内容だけで勝負できる
3　こと　　4　ほど

48 この度は、＿★＿ ＿＿＿ ＿＿＿ ＿＿＿、誠にありがとうございます。

1　このようなところ　　2　お忙しい中
3　へおいでくださいまして　　4　にも関わらず

49 彼女 ＿＿＿ ＿＿＿ ＿★＿ ＿＿＿ というのは、どうやら本当のようだ。

1　をめぐって　　2　多くの男性が泣いた
3　彼女　　4　の美しさを見る限り

問題9　次の文章を読んで、文章全体の内容を考えて、 50 から 54 の中に入る最もよいものを、1・2・3・4 から一つ選びなさい。

次は、コーヒーに関するコラムである。

コーヒー［ 50 ］、一昔前までは、体に悪いから飲まない、という人たちが多かった。ところが、昨年のある調査によると、毎日コーヒーを飲む人の割合は、実に64％にも上ったという。ここまで多くの人達がコーヒーを飲むようになったのには、様々な理由がある。

まず言えるのは、現代人の忙しさだ。コーヒーの中に含まれるカフェインは、脳の中枢神経(ちゅうすうしんけい)(注1)を刺激し、眠気を抑えてくれる。朝早くから夜遅くまで働かなくてはならない現代人にとって、目を覚ませ、頭の回転を活性化してくれるコーヒーは、本当にありがたい飲み物だろう。

次に、コーヒーの香りにも秘密がある。あの独特の香りには、気持ちをリラックスさせてくれる効果があるのだそうだ。頭がすっきりするだけでなく、気持ちもリラックスできるとあれば、会社員たちはみんな［ 51 ］。

［ 52 ］。今まで、「コーヒーを飲みすぎるとガンになる」と信じられていたが、最近の研究で、一定量のコーヒーを毎日飲むことで、肝臓(注2)ガンを防ぐことが出来る可能性があることも分かっている。

他にも、ダイエットやうつ病にも効果があることが発見され、コーヒーは、今や、まるで万能薬のような存在となった。コーヒーは、まさに現代人にとって必要不可欠なものなのだ。

［ 53 ］、昔から言われているように、眠気を抑制しすぎて夜眠れなくなったり、飲みすぎて胃を荒らしてしまうことがあるのも事実だ。飲む時間帯や量を適切に判断し、これらのメリットを大いに生かして、コーヒーを［ 54 ］。

(注1) 中枢神経 … 脳の中にある神経。体のコントロールをする。
(注2) 肝臓(かんぞう) … 内臓(ないぞう)のひとつ

50

1　となると　　2　といえば　　3　となったら　　4　というなら

51

1　欲しがるに違いない
2　欲しがるわけにはいかない
3　欲しがる理由がある
4　欲しがるには惜しい

52

1　そうはいっても納得できない
2　こんな例をあげてみよう
3　それだけではないから驚きだ
4　こう考えてみることもできる

53

1　そういったとして
2　そうできたとしても
3　そうしたからと言って
4　そうは言っても

54

1　楽しまないわけにはいかないようだ
2　楽しむことが素晴らしいのではない
3　楽しめるようになりたいものだ
4　楽しめるとありがたいだろう

JLPT

N2

실전모의테스트

2회

문법

問題7　次の文の（　　　）に入れるのに最もよいものを、1・2・3・4 から一つ選びなさい。

33 このオルゴールは、親から子、そして孫（　　　）伝えられている。

1　とへ　　2　へと　　3　とは　　4　はと

34 父親が有名なシェフでも、息子も料理が上手である（　　　）。

1　つもりではない　　2　に違いない
3　わけにはいかない　　4　とは限らない

35 最近忙しくて、どんどん仕事がたまる（　　　）、どこへも遊びに行けそうもありません。

1　一方で　　2　ほどで　　3　すぎて　　4　がちで

36 風邪をひいた（　　　）、昨日のパーティーには出席できなかった。

1　からこそ　　2　からといって　　3　おかげで　　4　にもかかわらず

37 A「どうしたの？ 君がこんなミスするなんて。」
B「申し訳ありません。ちょっと寝不足で（　　　）してました。」

1　どうか　　2　どうも　　3　どうにも　　4　どうでも

38 次の対戦相手は優勝候補だから、うちのチームも調子が上がっているとはいっても、簡単には（　　　）だろう。

1　勝たせてあげない　　2　勝たせてもらえない
3　勝ってもいい　　4　勝ってほしい

39 訪問客「こんにちは。2時に佐藤社長とお約束いただいております、山田ですが。」
受付係「はい、（　　　）。どうぞ、こちらのほうへ。」

1　お待ち申し上げます　　　2　お待たせしました
3　お待ちしておりました　　4　お待たせいたしております

40 予約の変更は、前の予約をキャンセル（　　　）、新しい予約はできないと言われた。

1　してからで　　　2　してからでないで
3　してからでなくて　　4　してからでないと

41 A「石油はこれからもっと安くなると思いませんか。」
B「ええ、私もそんな気が（　　　）。」

1　しなくてもすみますね　　2　しなくていいですね
3　するほどでもないですね　　4　するにはしますね

42 子供のころ、父は私をピアニストに（　　　）。

1　させてもらった　　2　させようとしていた
3　させてあげた　　4　させられそうになった

43 結局、誰にも相談（　　　）大学受験をあきらめてしまった。

1　せずまま　　2　せぬまま　　3　せずとおり　　4　せぬとおり

44 彼女が悲しがっているのを伝え聞いてはじめて、あんなことを自分は（　　　）と後悔した。

1　言ってもおかしくなかった　　2　言うわけなかった
3　言うんじゃなかった　　4　言うほかなかった

問題8　次の文の＿★＿に入る最もよいものを、1・2・3・4 から一つ選びなさい。

（問題例）

きのう ＿＿＿＿ ＿＿＿＿ ＿★＿ ＿＿＿＿ はとてもおいしかった。

1　母　　2　買ってきた　　3　が　　4　ケーキ

（解答のしかた）

1．正しい文はこうです。

きのう ＿＿＿＿ ＿＿＿＿ ＿★＿ ＿＿＿＿ はとてもおいしかった。 1　母　3　が　2　買ってきた　4　ケーキ

2．＿★＿に入る番号を解答用紙にマークします。

（解答用紙）	（例）	①　●　③　④

---

45 アナウンサーは、ニュースをただ読んで伝えるだけではなく、視聴者に ＿＿＿ ＿＿＿ ＿★＿ ＿＿＿ 心がけているという。

1　ように　　2　ことを　　3　語りかける　　4　読む

46 学校に対して無理な注文をする「モンスターペアレント」という言葉が流行っているが、＿＿＿ ＿＿＿ ＿★＿ ＿＿＿ 親の側もたまらない。

1　「モンスター」と非難される　　2　何でも
3　としたら　　4　何か言うと

47 肥満は、必ず ＿＿＿ ＿＿＿ ＿★＿ ＿＿＿ ものなのだが、実行する人はそれほど多くない。

1　いいほど　　2　改善される　　3　といって　　4　運動すれば

48 A「鈴木課長はこのあいだ課長になったばかりなのに、今度また昇進するそうですね。」

B「うん、課長 ＿＿＿ ＿＿＿ ＿★＿ ＿＿＿ 部長になれるとは、思っていなかっただ ろうね。」

1　うちに　　2　経たない　　3　にしても　　4　二年も

49 結婚資金はできた ＿＿＿ ＿＿＿ ＿★＿ ＿＿＿ にも結婚することができません。

1　相手がいない　　2　結婚しよう

3　ことには　　4　ものの

問題9　次の文章を読んで、文章全体の内容を考えて、[50]から[54]の中に入る最もよいものを、1・2・3・4 から一つ選びなさい。

省（しょう）エネ バーナー

エネルギー問題について関心が高まっていますが、水だけで火を起こすバーナーがイギリスで開発されました。実用化されれば、かなりの省（しょう）エネが期待できる[50]、業界の注目を集めています。

この開発は、ヨーロッパ諸国のクリーンエネルギープロジェクトの一つとして行われました。水を電気分解して発生させた、水素と酸素を燃料として炎を起こします。これまでも電気分解によって炎を起こすことはできましたが、強い炎が起こせる[51]。しかし、今回の開発ではこの問題をクリアし、ガスバーナーでも使えるような炎を起こすことに成功しました。

今までのガスバーナーは、プロパンガスなどのボンベを接続して使用していました。[52]、ガスが漏れて中毒を起こしたり、引火して爆発事故が起きたりする心配がありました。しかし、水から作られる炎にはそれらの[53-A]はありません。燃料にガスを使わないので、ガスボンベを交換する必要もなくなり、ガスボンベを置いておく倉庫代や輸送費なども減らすことができるようになります。燃料の[53-B]そのものは、もちろん大きく減少して、これまでの５％ほどの費用で済むそうです。実用化が進めば、かなりの需要に[54]。

50

1　ということで　　　2　というばかりで
3　につれて　　　4　に関して

51

1　ほどではありませんでした　　　2　しかありませんでした
3　までもありませんでした　　　4　わけにはいきませんでした

52

1　あるいは　　2　そのかわり　　3　たとえば　　4　そのため

53

1　A-トラブル　B-ダメージ　　　2　A-ダメージ　B-トラブル
3　A-コスト　B-リスク　　　4　A-リスク　B-コスト

54

1　なったかもしれませんね　　　2　なるべきでしょうね
3　なりそうですね　　　4　なるのもいいでしょうね

| M | E | M | O |

딱! 한권 일본어능력시험 JLPT N2

실전모의테스트 1회

문법

문제 7	33 ③	34 ④	35 ②	36 ④	37 ①		
	38 ②	39 ③	40 ④	41 ①	42 ②	43 ①	44 ②
문제 8	45 ④	46 ②	47 ④	48 ②	49 ①		
문제 9	50 ②	51 ①	52 ③	53 ④	54 ③		

N2 실전모의테스트 1회 정답 및 해설

문법

문제 7 **다음 문장의 (　　) 안에 들어갈 가장 적당한 것을 1・2・3・4에서 하나 고르세요.**

33 軽い運動は、体（　　）、心（　　）良い。

1　とも　　2　でも　　3　にも　　4　も

정답 3 가벼운 운동은 몸에도 마음에도 좋다.

어휘 軽い(かるい) 가볍다 | 運動(うんどう) 운동

해설 「명사にも、명사にも(~에도, ~에도)」라는 표현은 '양쪽에 다 해당된다'라는 의미를 나타내는 표현이다.

---

34 A「彼女、君にプロポーズされたって喜んでいたよ。」
B「そりゃ言いましたけど、僕がしたと言うより、彼女に（　　）んですよ。」

1　言わせた　　2　言われた　　3　言えた　　4　言わされた

정답 4 A「그녀, 너에게 프로포즈(청혼) 받았다고 기뻐하고 있어.」
B「그건 말했지만, 내가 했다기보다 그녀가 말하게 했어요.」

어휘 プロポーズ 프로포즈 | 喜ぶ(よろこぶ) 기뻐하다 |

해설 사역 수동「~(さ)せられる(=される)」는 어쩔 수 없이 어떠한 행동을 하게 되었을 때 사용하며,「僕(ぼく)がしたと言(い)うより(내가 했다기보다)」가 힌트가 될 수 있다. 그녀에게 시킴을 당해서 즉, 어쩔 수 없이 프로포즈를 하게 된 의미로 사역 수동형「言(い)わされた」를 사용하는 것이 적당하다.

---

35 みそ汁を作ってご飯を炊く（　　）、私だってできる。

1　ほどのことなら　　2　くらいのことなら
3　ほどのものだったら　　4　くらいのものだったら

정답 2 된장국을 만들고 밥을 짓는 정도의 일이라면, 나라도 할 수 있어.

어휘 味噌汁(みそしる) 된장국 | 炊く(たく) 밥을 짓다 | だって ~라(해)도, ~일지라도

해설 「~くらいのことなら(~정도(의 일이)라면)」는 대수롭지 않은 일이라고 가볍게 생각하고 있을 때 사용하는 표현이다.

---

36 人の倍努力をしてきた（　　）、本社への栄転が決まった。

1　うえで　　2　かぎりで　　3　てまえ　　4　かいあって

정답 4 남보다 배로 노력을 해온 보람이 있어서, 본사로 승진이 결정되었다.

어휘 人の倍(ひとのばい) 남보다 배 | 努力(どりょく) 노력 | 本社(ほんしゃ) 본사 | 栄転(えいてん) 영전(높은 지위로 승진함)

해설 「かい(が)あって」라는 표현은 '어떤 목적이나 의지를 가지고 행한 행위가 좋은 효과나 성과가 있어서'라는 의미를 나타낸다.

---

37 レポートを（　　）、本当にあんな内容で良かったのだろうか。

1　出すことは出したが　　2　出したら出したで
3　出すには出しても　　4　出したら出したっきり

정답 1 리포트를 제출하기는 했지만, 정말로 저러한 내용으로 괜찮은 것일까.

어휘 レポート 리포트 | 内容 내용

해설 「~ことは~が」라는 표현은 「ことは」의 전후에 동일한 「~」를 반복적으로 사용하여 '~을/를 일단 인정은 하지만, 그것이 별 의미는 없다'라는 의미를 나타낸다. 참고로, 다른 예문을 들면 「きのう本屋へ行ったことは行ったが、店が閉まっていて買えなかった(어제 책방에 가기는 갔지만, 가게가 닫혀서 살 수 없었다)」 등이 있다.

---

38 新しいシステムが複雑で、社員たちからは不満の声が出ている。
（　　）、これに慣れてしまえば、仕事の効率は断然良くなるようだ。

1　すなわち　　2　もっとも　　3　したがって　　4　なおさら

정답 2 새 시스템이 복잡해서, 사원들로부터는 불만의 목소리가 나오고 있다.
다만 이것에 익숙해져 버리면, 일의 효율은 훨씬 좋아지게 될 것 같다.

어휘 複雑 복잡 | 不満 불만 | 慣れる 익숙해지다 | 効率 효율 | 断然 단연, 훨씬

해설 「もっとも(그렇다고는 하지만, 하기는, 다만)」는, 「運動は健康のために必要だ。もっとも、やり過ぎるのも問題があるようだ(운동은 건강을 위해서 필요하다. 다만, 너무 지나치게 하면 문제가 있는 것 같다)」 등으로 사용된다. 비슷한 표현으로는 「ただし・しかし」 등이 있다.

---

39 人間関係というのはギブアンドテイクだ。（　　）ばかりではなく、（　　）ことも必要だ。

1　させてもらう・してくれる　　2　してあげる・してくれる
3　してもらう・してあげる　　4　させてあげる・してもらう

정답 3 인간관계라는 것은 기브 앤 테이크다. (해) 받는 것뿐만 아니라, (해) 주는 것도 필요하다.

어휘 人間関係 인간관계 | ギブアンドテイク 기브 앤 테이크(상대에게 이익을 주고, 자기도 상대로부터 이익을 얻음)

해설 「~てもらう(~해 받다)」는 누군가가 친절한 행위를 해 주었을 때 사용하는 표현이며, 「~てあげる(~해 주다)」는 상대방을 위해 친절한 행위를 하는 것을 나타낼 때 사용한다.

---

40 彼女はテストで毎回1位をとるが、実は、それは彼女自身の力（　　）。

1　というものではない　　2　でもさしつかえない
3　どころではない　　4　によるものではない

정답 4 그녀는 테스트에서 매번 1위를 하지만, 실은 그것은 그녀 스스로의 힘에 의한 것은 아니다.

어휘 毎回 매회, 매번 | 実は 실은 | 自身 자신 | 力 힘

해설 「~によるものではない」는 '~이/가 원인으로 ~의 결과가 되었다'는 표현을 할 때 사용한다.

---

41 公衆の面前であんなことを言われるなんて、大層恥ずかしかった（　　）。

1　にちがいない　　2　にほかならない　　3　わけにはいかない　　4　どころではない

정답 1 대중 앞에서 저런 말을 듣게 되다니, 매우 부끄러웠음이 틀림없다.

어휘 公衆 공중, 대중 | 面前 면전, 눈앞 | 大層 매우, 몹시, 대단히 | 恥ずかしい 부끄럽다

해설 「~に違いない(~임에 틀림없다)」는 말하는 사람의 확신을 서술할 때 사용하는 추측의 표현으로 「中村さんは旅行にでも行っているに違いない。何度電話しても出ない(나카무라 씨는 여행이라도 갔음에 틀림없다. 몇 번 전화해도 받지 않는다)」로 사용할 수 있다.

---

42 A「ほら、切符がないと出られないよ。どこにしまったの。」
B「だって…。あ、(　　)。よかった。」

1　あるから　　2　あったよ　　3　あるって　　4　あるよね

정답 2 A「이봐, 표가 없으면 나갈 수 없잖아. 어디에 놔둔거야?」
B「아니…. 아, 있어요. 다행이다.」

어휘 ほら 이봐, 자 | 切符 표 | しまう 안에 넣다, 간수하다 | だって 그렇지만, 하지만, 그런데

해설 「あったよ」라는 표현은 '있어, 있어요'라는 의미이다.

---

43 近頃の若者を見ていると、「何事も人任せにするのではなく、自分で考えて行動(　　)。」と思わずにはいられない。

1　すべきではないだろうか　　2　すべきではないだろう
3　したら良かっただろうに　　4　したら良かっただろうか

정답 1 최근 젊은이들을 보고 있으면, '무슨 일이든 다른 사람들에게 맡기는 것이 아니라, 스스로 생각해서 행동해야 하는 것은 아닐까?'라고 생각하지 않을 수 없다.

어휘 近頃 요즈음, 최근 | 若者 젊은이 | 何事も 모든 일 | 人任せ 남에게 맡김 | 行動 행동 | ~ずにはいられない ~하지 않고는 견딜 수 없다

해설 「べきだ(반드시 ~해야 한다), べきではない(반드시 ~해서는 안 된다)」는 '하는 것이 또는 하지 않는 것이 인간으로서의 의무다'라는 의미로, 「親が生きているうちにもっと親孝行するべきだったと後悔している(부모가 살아 있는 동안에 좀 더 효도해야 했었다고 후회하고 있다)」 등으로 사용된다.

---

44 A「一人で仕事を抱えていないで、小林さんにも手伝ってもらったら。」
B「いいです。彼女のことですから(　　)。」

1　手伝うっぽいですよ　　2　手伝いっこないですよ
3　手伝わないとかですよ　　4　手伝っちゃいますよ

정답 2 A「혼자서 일을 다하지 말고, 고바야시 씨에게도 도와달라고 하면 어때?」
B「괜찮아요. 그녀이기 때문에(그녀라면) 도와줄 리가 없어요.」

어휘 抱える 안다, 맡다 | 手伝う 도와주다 | ~のことだから ~이기 때문에

해설 「~のことだから(~이기 때문에)」는 주로 사람을 나타내는 명사에 붙으며, 그 사람의 성격이나 특징을 나타낸다. 또한, 「~っこない(~할 리가 없다)」는 화자의 판단으로 가능성을 강하게 부정할 때 가능 표현을 사용하는 경우가 많으며, 친한 사람과의 대화에서 주로 사용된다. 「子供に分かりっこない(어린아이가 알 리가 없다)」 등으로 사용된다.

문제 8 다음 문장의 ＿★＿에 들어갈 가장 적당한 것을 1・2・3・4에서 하나 고르세요.

45 A「お肉を醤油に漬けておいてから、卵や粉を付けるんじゃないんですね。」
B「ええ。最初から ＿＿ ＿＿ ＿★＿ ＿＿、おいしくできるんですよ。」

1 すべて一緒に　2 粉も卵も　3 ことで　4 漬け込む

정답 4 A「고기를 간장에 재워 두고 나서, 달걀이랑 밀가루를 묻히는 것이 아니었네요.」
B「네. 처음부터 밀가루도 달걀도 모두 함께 재워둠으로써, 맛있게 만들 수 있어요.」

올바른 문장 ええ。最初から粉も卵もすべて一緒に漬け込むことで、おいしくできるんですよ。

어휘 醤油 간장 | 漬ける 담그다 | 卵 달걀 | 粉 가루, 밀가루 | 付ける 붙이다, 바르다, 묻히다 | 漬け込む (채소 등을) 담그다, 절이다

해설 「동사 기본형 + ことで」는 '~함으로써'라는 의미로, 「ことで」 앞에 접속할 수 있는 것은 4번 「漬け込む」밖에 없다. 또한 「~も~も一緒に」를 이어보면 문제는 간단하게 풀린다. 따라서 자연스러운 순서는 2-1-4-3이다.

---

46 両国の間では、＿＿ ＿★＿ ＿＿ ＿＿ 最悪の事態は避けられた。

1 によって　2 が続いていたが　3 市民団体の働きかけ　4 緊張した状況

정답 2 양국의 사이에서는 긴장된 상황이 계속되었지만, 시민단체의 적극적인 활동에 의해서 최악의 사태는 피할 수 있었다.

올바른 문장 両国の間では緊張した状況が続いていたが市民団体の働きかけによって最悪の事態は避けられた。

어휘 両国 양국 | 緊張 긴장 | 状況 상황 | 市民 시민 | 団体 단체 | 働きかける (적극적으로) 작용하다 | 最悪 최악 | 事態 사태 | 避ける 피하다

해설 「~によって(~에 의해서)」는 '수단, 방법, 원인'을 나타내는 표현이며, 「~が続いていたが(~이/가 계속되었지만)」는 역접의 의미이다. 구조를 생각해 보면 어떠한 상황이 계속되었지만, 무엇에 의해 최악의 사태는 피할 수 있었다는 것을 나타낸다. 그러므로 자연스러운 순서는 4-2-3-1이다.

---

47 あの映画は、俳優が良かった ＿＿ ＿＿ ＿＿ ＿★＿ の素晴らしい出来だった。

1 を抜きにしても　2 内容だけで勝負できる　3 こと　4 ほど

정답 4 저 영화는 배우가 좋았던 것을 빼고서도 내용만으로 승부할 수 있었을 만큼 훌륭한 작품이었다.

올바른 문장 あの映画は、俳優が良かったことを抜きにして内容だけで勝負できるほどの素晴らしい出来だった。

어휘 俳優 배우 | 内容 내용 | 勝負 승부 | 抜き 뺌, 생략 | 素晴らしい 매우 훌륭하다, 대단하다 | 出来 만들어짐, 제품, 완성된 상태

해설 「~をぬきにして(~을 빼고)」는 명사에 접속하기 때문에 앞에 「こと」가 와야 하며, 「俳優が良かった(배우가 좋았던)」 뒤에 붙는 것이 자연스럽다. 그리고 「内容だけで勝負できる(내용만으로 승부할 수 있는)」에 「ほど(만큼)」를 배열하면, 자연스러운 순서는 3-1-2-4가 된다.

---

48 この度は、＿★＿ ＿＿ ＿＿ ＿＿、誠にありがとうございます。

1 このようなところ　2 お忙しい中
3 へおいでくださいまして　4 にも関わらず

정답 2 이번에(는) 바쁘신 중에도 불구하고 이러한 곳에 와 주셔서, 매우 감사합니다.

올바른 문장 この度は、お忙しい中にも関わらずこのようなところへおいでくださいまして、誠にありがとうございます。

어휘 この度は 이번에는, 금번에는 | 誠に 정말로, 실로, 매우

해설 「~にも関わらず(~임에도 불구하고)」의 앞에 오기에 적당한 것은 「お忙しい中(바쁘신 중에)」가 된다. 또한 「장소 + ~へおいでくださいまして(~에 와주셔서)」를 생각해 볼 때, 1번과 3번을 연결할 수 있을 것이다. 자연스러운 순서는 2-4-1-3이 된다.

---

49 彼女 ＿＿＿ ＿＿＿ ＿★＿ ＿＿＿ というのは、どうやら本当のようだ。

1 をめぐって　　2 多くの男性が泣いた

3 彼女　　4 の美しさを見る限り

정답 1 그녀의 아름다움을 보니까, 그녀를 둘러싸고 많은 남성들이 울었다는 것은 아무래도 사실인 것 같다.

올바른 문장 彼女の美しさを見る限り彼女をめぐって多くの男性が泣いたというのは、どうやら本当のようだ。

어휘 どうやら 어쩐지, 아무래도 | 美しさ 아름다움 | ~限り ~은/는 이상, ~한

해설 「~をめぐって(~을/를 둘러싸고)」는 명사에 붙어 '분쟁, 의논, 대립, 문제 등을 둘러싸고'라는 표현으로, 명사인 3번이 앞에 와야 한다. 또한 그녀를 둘러싸고 뒤에 올 수 있는 선택지는 2번 「多くの男性が泣いた(많은 남성들이 울었다)」가 된다. 선택지 중 하나가 남았을 때는 문장 앞뒤를 살펴보면 간단하게 풀린다. 나머지 4번은 문장 처음에 등장하는 「彼女」에 접속시키면 된다. 따라서 자연스러운 순서는 4-3-1-2이다.

문제 9 다음 글을 읽고, 글 전체의 내용을 생각해서, 50 ~ 54 안에 들어갈 가장 적당한 것을 1 · 2 · 3 · 4에서 하나 고르세요.

커피라고 하면, 과거 10년 전까지만 해도 몸에 나쁘기 때문에 마시지 않는다고 하는 사람들이 많았다. 그런데, 작년 한 조사에 의하면, 매일 커피를 마시는 사람의 비율은 실제로 64%정도로 올랐다고 한다. 이렇게까지 많은 사람들이 커피를 마시게 된 것에는 여러 가지 이유가 있다.

우선 말할 수 있는 것은 현대인의 분주함이다. 커피 안에 함유된 카페인은 뇌의 중추신경을 자극해서, 졸음을 억제해준다. 아침 일찍부터 밤 늦게까지 일하지 않으면 안 되는 현대인에게 있어서, 잠을 깨우고 머리 회전을 활성화해 주는 커피는 정말로 고마운 음료수일 것이다.

다음으로, 커피 향기에도 비밀이 있다. 그 독특한 향기에는 기분을 안정시켜주는 효과가 있다고 한다. 머리가 상쾌해질 뿐만 아니라 기분까지 안정시킬 수 있다면, 회사원(직장인)들은 틀림없이 모두 원할 것이다.

그것만은 아니기 때문에 놀랍다. 이제까지 '커피를 너무 많이 마시면 암에 걸린다'고 믿어왔는데, 최근 연구에서 일정량의 커피를 매일 마심으로써, 간암을 예방할 수 있는 가능성이 있다는 사실을 알게 되었다.

그 외에도 다이어트나 우울증에도 효과가 있다는 것이 발견되어, 커피는 이제 마치 만병통치약 같은 존재가 되었다. 커피는 그야말로 현대인에게 있어서 필수 불가결한 것이다.

그렇다고 해도, 옛날부터 일컬어지고 있는 것처럼 졸음을 지나치게 억제해서 밤에 잠들 수 없게 되거나 너무 많이 마셔서 위를 손상시키는 경우가 있는 것도 사실이다. 마시는 시간대나 양을 적절히 판단해, 이와 같은 장점을 크게 살려 커피를 즐길 수 있도록 되길 바란다.

어휘 一昔 옛날로 느껴질 정도의 과거(보통 10년 정도) | ところが 그런데 | 割合 비율 | 様々な 다양한, 여러 가지 | 現代人 현대인 | 含まれる 포함되다 | カフェイン 카페인 | 脳 뇌 | 中枢神経 중추신경 | 刺激 자극 | 眠気 졸음 | 抑える 누르다, 억제하다, 진정시키다 | 目を覚ます 눈을 뜨다 | 回転 회전 | 活性化 활성화 | ありがたい 고맙다, 감사하다 | 香り 향기 | 秘密 비밀 | 独特 독특 | リラックス 릴랙스 | 効果 효과 | すっきり 말쑥이, 산뜻이 | 癌 암 | 研究 연구 | 一定量 일정량 | 肝臓 간장, 간 | 防ぐ 막다, 방지하다 | うつ病 우울증 | 発見 발견 | まるで 마치 | 万能薬 만능약 | 正に 확실히, 틀림없이, 정말로 | 不可欠 불가결 | 抑制 억제 | 胃 위 | 荒らす 황폐하게 하다 | 適切に 적절히 | 判断 판단 | メリット 메리트, 장점 | 大いに 매우, 크게 | 生かす 살리다

50 1 となると 2 といえば 3 となったら 4 というなら

정답 2

해설 「~といえば(~라고 하면, ~라고 한다면)」는 무언가를 화제로 삼을 때 사용하는 표현이다.

51 1 欲しがるに違いない 2 欲しがるわけにはいかない
3 欲しがる理由がある 4 欲しがるには惜しい

정답 1

해설 「欲(ほ)しがるに違(ちが)いない(원했음에 틀림없다)」에서 「~に違(ちが)いない(~임에 틀림없다)」는 화자의 확신을 서술할 때 사용하는 추측 표현이다.

52 1 そうはいっても納得できない 2 こんな例をあげてみよう
3 それだけではないから驚きだ 4 こう考えてみることもできる

정답 3

해설 「それだけではないから驚(おどろ)きだ」는 '그것만은 아니기 때문에 놀랍다'라는 뜻이다.

53 1 そういったとして 2 そうできたとしても
3 そうしたからと言って 4 そうは言っても

정답 4

해설 「そうは言(い)っても(그렇다고 말해도)」는 앞 문장에 역접으로 오는 표현이다.

54 1 楽しまないわけにはいかないようだ 2 楽しむことが素晴らしいのではない
3 楽しめるようになりたいものだ 4 楽しめるとありがたいだろう

정답 3

해설 「楽(たの)しめるようになりたいものだ」에서 「~たいものだ(정말 ~하고 싶다)」는 강렬한 소망이나 희망을 나타내는 표현이다.

딱! 한권 일본어능력시험 JLPT N2

실전모의테스트 2회

문법

문제 7	33 ②	34 ④	35 ①	36 ③	37 ①		
	38 ②	39 ③	40 ④	41 ④	42 ②	43 ②	44 ③
문제 8	45 ④	46 ①	47 ④	48 ②	49 ③		
문제 9	50 ①	51 ①	52 ④	53 ④	54 ③		

N2 실전모의테스트 2회 정답 및 해설

문법

문제 7 **다음 문장의 (　　)에 들어갈 가장 적당한 것을 1・2・3・4에서 하나 고르세요.**

33 このオルゴールは、親から子、そして孫（　　）伝えられている。

1　とへ　　2　へと　　3　とは　　4　はと

정답 2 이 오르골은 부모에서 자녀, 그리고 손자에게 전해지고 있다.

어휘 オルゴール 오르골 | 親 부모 | 子 자녀 | 孫 손자

해설 「~から ~へと」는 '~에서 ~에게로'라는 의미로 쓰인다.

---

34 父親が有名なシェフでも、息子も料理が上手である（　　）。

1　つもりはない　　2　に違いない　　3　わけにはいかない　　4　とは限らない

정답 4 아버지가 유명한 요리사여도, 자식도 요리를 잘한다고는 할 수 없다.

어휘 シェフ 셰프, 요리사 | **~つもりはない** ~(할) 생각은 없다 | **~に違いない** ~임에 틀림없다 | **~わけにはいかない** (그렇게 간단히) ~할 수는 없다 | **~とは限らない** ~하다고는 할 수 없다

해설 「~とは限らない」는 '꼭, 전부가, 반드시 ~ 하다고는 할 수 없다'는 의미를 나타낸다. 참고로, 「~からといって(~라고 해서)」와 함께 쓰이는 경우가 많으므로 함께 외워 두자.

---

35 最近忙しくて、どんどん仕事がたまる（　　）、どこへも遊びに行けそうもありません。

1　一方で　　2　ほどで　　3　すぎて　　4　がちで

정답 1 최근 바쁘고, 점점 일이 쌓이기만 해서 아무데도 놀러 갈 수 없을 것 같습니다.

어휘 一方 ~한편, ~하기만 해서 | **~ほど** ~정도 | **~すぎて** ~지나서 | **~がち** ~하기 십상

해설 「동사 기본형 + 一方だ」는 변화를 나타내는 말에 붙어, 변화가 한쪽 방향으로 진행하고 있음을 나타낸다. 좋은 방향이나 나쁜 방향에도 광범위하게 사용할 수 있다.
참고로, 비슷한 표현으로 「~ばかりだ」가 있는데, 이것은 정도가 심하다는 어감을 가지고 있어서 나쁜 방향으로 진행된다는 의미로만 사용된다.

---

36 風邪をひいた（　　）、昨日のパーティーには出席できなかった。

1　からこそ　　2　からといって　　3　おかげで　　4　にもかかわらず

정답 3 감기에 걸린 덕분에, 어제 파티는 출석하지 못했다.

어휘 風邪を引く 감기에 걸리다

해설 「~おかげで(~덕분에)」는 일반적으로 좋은 결과에 쓰이나, 문제에서는 반어법적으로 쓰인 것에 주의하자.
「~からこそ(~이기 때문에, ~이니까)」는 주로 「~からこそ、~のだ」의 형태로 많이 쓰이며, 이유나 원인을 특별히 강조하고 싶을 때 사용한다.
「~からといって(~라고 해서)」는 앞 문장을 근거로 하여 내려진 판단이 언제나 옳다고는 말할 수 없음을 나타내며,

뒤에는「~わけではない、~とは限(かぎ)らない、~という訳(わけ)ではない」등 부분 부정문이 오는 경우가 많다.
「~にもかかわらず(~(임)에도 불구하고)」는 앞 문장에서 당연히 예상되는 것과 다른 결과가 올 때 역접의 의미로 사용된다.

---

37 A「どうしたの？君がこんなミスするなんて。」
B「申し訳ありません。ちょっと寝不足で（　　　）してました。」

1　どうか　　2　どうも　　3　どうにも　　4　どうでも

정답 1 죄송합니다. 수면 부족으로 어떻게 됐나 봅니다.

어휘 寝不足(ねぶそく) 수면 부족

해설「どうかする (보통 상태와 다르다)」를 하나의 단어로 외우자!

---

38 次の対戦相手は優勝候補だから、うちのチームも調子が上がっているとはいっても、簡単には（　　　）だろう。

1　勝たせてあげない　　2　勝たせてもらえない　　3　勝ってもいい　　4　勝ってほしい

정답 2 다음 대전상대는 우승 후보이기 때문에 우리 팀도 사기가 올랐다고는 해도, 쉽게 이길 수는 없을 것이다.

어휘 対戦(たいせん) 대전 | 相手(あいて) 상대 | 優勝(ゆうしょう) 우승 | 候補(こうほ) 후보 | チーム 팀 | 調子(ちょうし)が上(あ)がる 사기가 오르다

해설「~(さ)せてもらう」는 한국어에 없는 표현이므로 주의가 필요하다. 자신이 뭔가를 하고 싶을 때 '(내가) ~하겠다'라는 행동을 겸손하게 나타내기 위해 쓰는 표현이다. 따라서「勝(か)たせてもらう」는 '이기겠다'라는 의미가 되며,「勝(か)たせてもらえない」는「もらう」의 가능형이므로 '이길 수 없다'는 의미가 된다.

---

39 訪問客「こんにちは。2時に佐藤社長とお約束いただいております、山田ですが。」
受付係「はい、（　　　）。どうぞ、こちらのほうへ。」

1　お待ち申し上げます　　2　お待たせしました
3　お待ちしておりました　　4　お待たせいたしております

정답 3 네, 기다리고 있었습니다. 이쪽으로 오십시오.

어휘 訪問客(ほうもんきゃく) 방문객 | 受付係(うけつけがかり) 안내 담당자

해설 겸양어 문제로 2시에 만나기로 약속을 했으므로, 방문객이 오기를 기다리고 있었다는 내용을 정중하게 표현한 문장을 찾아야 한다.
따라서 기본 경어공식「お+동사 ます형+する」를 써서「お待(ま)ちしていました」를 사용하는데,「いる」의 겸양어「おる」를 써서 한번 더 공손하게 표현한 3번「お待(ま)ちしておりました」가 정답이다.
1번의「お(ご) + 동사 ます형 + 申(もう)し上(あ)げる」는 '~해 드리다, 하다'의 의미로 기다려 드리겠다, 즉 기다리겠다는 내용이 된다. 2번「お待(ま)たせしました」는 '오래 기다리셨습니다, 기다리게 해서 죄송합니다'라는 뜻이며, 4번「お待(ま)たせいたしております」는 직역하면 '기다리게 하고 있습니다'가 된다.

---

40 予約の変更は、前の予約をキャンセル（　　　）、新しい予約はできないと言われた。

1　してからで　　2　してからでないで　　3　してからでなくて　　4　してからでないと

정답 4 예약 변경은 일전의 예약을 취소하지 않고서는 새로운 예약은 불가능하다고 한다.

어휘 予約(よやく) 예약 | 変更(へんこう) 변경

해설 「~てからでないと ~ない」는 '~한 후가 아니면 ~하기 어렵다, 곤란하다, 불가능하다'라는 의미로 쓰인다.

---

41 A「石油はこれからもっと安くなると思いませんか。」
B「ええ、私もそんな気が（　　　）。」

1 しなくてもすみますね　　2 しなくていいですね
3 するほどでもないですね　　4 するにはしますね

정답 **4** 네, 저도 그런 생각이 들긴 드네요.

어휘 石油(せきゆ) 석유 | これから 앞으로

해설 「동사 기본형 + には + 동사 + が」의 꼴로 '~(하)기는 (하)지만'의 의미로 쓰인다.
「しなくてもすみますね (하지 않아도 되겠군요)」, 「しなくていいですね (하지 않아도 되겠군요)」
「するほどでもないですね (할 정도는 아니네요)」

---

42 子供のころ、父は私をピアニストに（　　　）。

1 させてもらった　　2 させようとしていた
3 させてあげた　　4 させられそうになった

정답 **2** 어린 시절 아빠는 나를 피아니스트로 만들려고 했다.

어휘 ピアニスト 피아니스트

해설 사역형 「~(さ)せる(~하게 하다, ~시키다)」와 의향형 「~ようとする(~하려고 하다)」가 결합하여 '~시키려고 했다, ~하게 하려고 했다'의 의미가 된다.

---

43 結局、誰にも相談（　　　）大学受験をあきらめてしまった。

1 せずまま　　2 せぬまま　　3 せずとおり　　4 せぬとおり

정답 **2** 결국 아무하고도 상담하지 않은 채 대학 수험을 포기해 버렸다.

어휘 結局(けっきょく) 결국 | あきらめる 포기하다

해설 「~まま(~채)」는 부정형으로 접속될 경우, 「~(し)ないまま」 또는 「せぬまま」가 된다. 따라서 2번이 정답이다.
접속 형태에 유의하자! 「しない」를 고어로 표현하면 「し」가 「せ」로, 「ない」는 「ぬ」가 되어 「せぬ」의 형태가 되며, 「とおり(~대로)」를 접속시키면 「せぬとおり(＝しないとおり 하지 않는 대로)」가 된다. 그 밖에 「~せず(＝しないで(~하지 않고)」 「~せざるを得(え)ない(~하지 않을 수 없다)」도 함께 알아두자.

---

44 彼女が悲しがっているのを伝え聞いてはじめて、あんなことを自分は（　　　）と後悔した。

1 言ってもおかしくなかった　　2 言うわけなかった
3 言うんじゃなかった　　4 言うほかなかった

정답 **3** 그녀가 슬퍼하고 있다는 것을 전해 듣고 나서야, 그것을 나는 말하는 게 아니었다고 후회했다.

어휘 伝(つた)え聞(き)く 전해 듣다 | 後悔(こうかい)する 후회하다

해설 「~のではなかった」는 '~하는 게 아니었다'의 뜻으로, 후회를 나타내는 표현이다.

문제 8 다음 문장의 __★__에 들어갈 가장 적당한 것을 1·2·3·4에서 하나 고르세요.

45 アナウンサーは、ニュースをただ読んで伝えるだけではなく、視聴者に_____ _____ __★__ _____心がけているという。

1 ように　　2 ことを　　3 語りかける　　4 読む

정답 4 아나운서는 뉴스를 그저 읽고 전하는 것뿐만 아니라 시청자에게 말을 걸듯이 읽는 일에 주의하고 있다고 한다.

올바른 문장 視聴者に語りかけるように読むことを心がけているという。

어휘 アナウンサー 아나운서 | ニュース 뉴스 | 視聴者 시청자 | 語りかける 말을 걸다 | 心がける 유의하다

해설 순서 조합 문제는 문형의 접속형태, 조사의 쓰임, 연체수식에 주의하면서 풀면 어려울 것이 없다. 먼저 「語りかける」는 조사 「に」를 수반하며, 「心がける」는 일반적으로 조사 「を」를 수반한다. 따라서 「語りかける」는 첫 번째로, 「ことを」는 맨 마지막에 들어가야 한다. 「ように」는 '~처럼'의 의미로 쓰였으므로, 순서는 3-1-4-2가 되어야 한다.

---

46 学校に対して無理な注文をする「モンスターペアレント」という言葉が流行っているが、_____ _____ __★__ _____ 親の側もたまらない。

1 「モンスター」と非難される　　2 何でも
3 としたら　　4 何か言うと

정답 1 학교에 무리한 요구를 하는 '몬스터 페어런트(괴물 부모)'라는 말이 유행하고 있는데, 걸핏하면 무조건 '괴물'이라고 비난받는다면 부모 측도 참을 수 없다.

올바른 문장 何か言うと何でも「モンスター」と非難されるとしたら親の側もたまらない。

어휘 無理 무리 | 注文 주문 | モンスターペアレント 괴물 부모(극성 학부모) | 流行る 유행하다 | 何でも 뭐든지, 모두

해설 「~としたら」는 '~라고 한다면'이라는 뜻의 가정을 나타내는 표현으로, 앞에 올 수 있는 것은 1번밖에 없다. 「何かと言うと」는 '걸핏하면'이란 뜻이므로, 자연스런 순서는 4-2-1-3이 된다.

---

47 肥満は、必ず_____ _____ __★__ _____ものなのだが、実行する人はそれほど多くない。

1 いいほど　　2 改善される　　3 といって　　4 運動すれば

정답 4 비만은 반드시라고 해도 좋을 만큼 운동하면 개선되는 법이지만, 실천하는 사람은 많지 않다.

올바른 문장 肥満は、必ずといっていいほど運動すれば改善されるものなのだが、実行する人はそれほど多くない。

어휘 肥満 비만 | 改善 개선 | 実行 실천

해설 일단 「必ずといっていいほど」라는 표현을 알아두자. 「~ものだ」를 수식할 수 있는 것은 동사 원형, 부정형이므로 앞에는 2번밖에 오지 못한다. 순서는 3-1-4-2가 된다.

---

48 A：「鈴木課長、このあいだ課長になったばかりなのに、今度また昇進するそうですね。」
B：「うん、課長_____ _____ __★__ _____部長になれるとは、思っていなかっただろうね。」

1 うちに　　2 経たない　　3 にしても　　4 二年も

정답 2 응, 과장님도 2년도 못 돼 부장이 될 거라고는 생각지도 않았을 거야.

올바른 문장 うん、課長にしても二年も経たないうちに部長になれるとは、思っていなかっただろうね。

어휘 ~たばかり (시간적으로) ~한지 얼마 안 됨 | 昇進 승진 | ~にしても ~(으)로서도

해설 「명사 + にしても」는 '~의 입장으로서도', 「~ないうちに」 '~않기 전에'라는 의미이므로, 접속 형태로 봐서 2와 1번이 함께 쓰이므로 순서는 3-4-2-1이다.

---

49 結婚資金はできた＿＿＿ ＿＿＿ ＿★＿ ＿＿＿にも結婚することができません。

1 相手がいない　2 結婚しよう　3 ことには　4 ものの

정답 3 결혼 자금은 준비됐지만, 상대가 없이는 결혼하려고 해도 결혼할 수 없습니다.

올바른 문장 結婚資金はできたものの相手がいないことには結婚しようにも結婚することができません。

어휘 資金 자금

해설 「~たものの」는 '~했지만'이므로 맨 앞으로 가고 「~ようにも~できない」는 '~하려고 해도 ~할 수 없다'이므로 맨 마지막으로 간다. 그러면 나머지 「~ないことには(만약 ~않고서는, ~없어서는)」이 중간에 들어가는 것을 알 수 있다. 따라서 자연스러운 순서는 4-1-3-2이다.

문제 9 다음 글을 읽고, 글 전체의 내용을 생각해서, 50 ~ 54 안에 들어갈 가장 적당한 것을 1 · 2 · 3 · 4 에서 하나 고르세요.

에너지 절약 버너

에너지 문제에 대해 관심이 높아지고 있습니다만, 물 만으로 불을 피우는 버너가 영국에서 개발되었습니다. 실용화되면 상당한 에너지 절약을 기대할 수 50, 업계의 주목을 모으고 있습니다.

이 개발은 유럽제국의 청정 에너지 프로젝트의 하나로서 실시되었습니다. 물을 전기 분해하여 발생시킨 수소와 탄소를 연료로 해서 불꽃을 일으킵니다. 지금까지도 전기분해에 의해 불꽃을 일으키는 것은 가능했습니다만, 강한 불꽃을 일으킬 51. 그러나 이번 개발에서는 이 문제를 해결하고, 가스버너에서도 사용할 수 있을 만한 불꽃을 일으키는 데에 성공했습니다.

지금까지의 가스버너는 프로판 가스 등의 봄베를 접속(연결)해서 사용했습니다. 52, 가스가 새서 중독을 일으키거나 인화되어 폭발 사고가 발생하거나 할 우려가 있었습니다. 그러나, 물로 만들어진 불꽃에는 그러한 53-A 은 없습니다. 연료로 가스를 사용하지 않기 때문에 가스 봄베를 교환할 필요도 없어지고, 가스 봄베를 놓아둘 창고료나 수송비 등도 줄일 수 있게 됩니다. 연료 53-B 그 자체는 물론 크게 감소하여 지금까지의 5%정도의 비용으로 해결된다고 합니다. 실용화가 진행되면, 상당한 수요로 54.

어휘 省エネ 에너지 절약 | バーナー 버너 | 火を起こす 불을 피우다 | イギリス 영국 | 開発 개발 | 実用化 실용화 | 期待 기대 | 注目を集める 주목을 모으다 | ヨーロッパ 유럽 | 諸国 제국 | クリーンエネルギープロジェクト 청정에너지 프로젝트 | 一つとして 하나로서 | 分解 분해 | 発生 발생 | 水素 수소 | 酸素 산소 | 燃料 연료 | クリア 클리어 | 成功 성공 | プロパンガス 프로판 가스 | ボンベ 봄베(가스통) | 接続 접속 | 漏れる (물, 빛 따위가 틈에서) 새다 | 中毒 중독 | 引火 인화 | 爆発 폭발 | 事故 사고 | 交換 교환 | 倉庫代 창고료 | 輸送費 수송비 | 減らす 줄이다 | 減少 감소 | 費用 비용 | 済む 끝나다, 해결되다 | 需要 수요

50 1 ということで　2 というばかりで　3 とはいえ　4 としても

정답 1

해설 주목을 모으고 있는 이유를 설명하는 문장이므로, 이유를 나타내는 「~ということで(~라고 해서)」가 들어가는 것이 적합하다.

「~というばかりで(~라는 것 뿐이고)」, 「~とはいえ(~라고는 해도)」, 「~としても(~로서도, ~라고 하더라고)」

51 1 ほどではありませんでした 2 しかありませんでした
3 までもありませんでした 4 わけにはいきませんでした

정답 1

해설 앞 문장에 '지금까지도 전기분해에 의해 불꽃을 일으키는 것은 가능했습니다만'이라고 했고, 뒤 문장에 '그러나, 가스버너에서도 사용할 수 있을 만한 불꽃을 일으키는 데에 성공했습니다'라고 했으므로 '가스버너에 사용할 만한 강한 불꽃을 일으킬 정도는 아니었다'가 들어가는 게 맞다. 정답은 1번이다.

52 1 あるいは 2 そのかわり 3 たとえば 4 そのため

정답 4

해설 뒤 문장에 '가스가 새서 중독을 일으키거나, 인화되어 폭발사고가 발생할 우려가 있었습니다'라는 내용의 이유를 나타내는 「そのため(그 때문에)」가 적합하다.
「あるいは(혹은)」, 「そのかわり(그 대신에)」, 「たとえば(예를 들면)」

53 1 A-トラブル B-データ 2 A-データ B-トラブル
3 A-コスト B-リスク 4 A-リスク B-コスト

정답 4

해설 앞 문장에서 여러 위험 요소를 언급하면서 물로 만든 불꽃에는 그런 위험성이 없다고 했다. 그와 더불어 여러 비용도 절감할 수 있다는 문장이 이어지므로, 정답은 4번 「リスク(리스크, 위험), コスト(코스트, 비용)」이다.

54 1 なっていたかもしれませんね 2 なるべきでしょうね
3 なりそうですね 4 なるつもりですね

정답 3

해설 실용화가 진행되면 상당한 수요로 이어질 것 같다고 문장이 마무리되는 것이 적합하므로, 3번 「需要(じゅよう)になりそうですね」가 적합하다. 1번(수요로 이어졌을지도 모른다), 2번(수요로 이어져야 하겠지요), 4번(수요로 이어질 생각이군요)는 모두 어색하다.